W0395069

Jean Cocteau

WERKAUSGABE IN ZWÖLF BÄNDEN

Herausgegeben von Reinhard Schmidt

Band 7

GEDICHTE II

FISCHER TASCHENBUCH VERLAG

Jean Cocteau

SPIEGELSCHRIFTEN

Aus dem Französischen übersetzt
von Andrej Jendrusch

mit zwei Übertragungen
von Jürgen Rennert

FISCHER TASCHENBUCH VERLAG

Veröffentlicht im Fischer Taschenbuch Verlag GmbH,
Frankfurt am Main, April 1988

Für deutsche Übersetzungen
und die Zusammenstellung dieses Bandes
© 1988 S. Fischer Verlag GmbH, Frankfurt am Main

Umschlaggestaltung: Manfred Walch
Herstellung: Alexander Gutfreund
Satz: Fotosatz Otto Gutfreund, Darmstadt
Druck und Bindung: Clausen & Bosse, Leck
Printed in Germany
ISBN 3-596-29207-7

Über dieses Buch Gedichte sind für Jean Cocteau Konzentrate des poetischen »elektrisierenden Fluidums«, dessen Mittler er sein wollte, auf welchem Gebiet auch immer er arbeitete. Mit Lyrik begann er seinen Weg als Künstler, und bis zu seinem Lebensende bleibt sie der Fixpunkt seines vielgestaltigen Werks.

Die vorliegende Auswahl aus seiner gesamten lyrischen Produktion umspannt ein halbes Jahrhundert, reicht von den Gedichten aus der Zeit des Ersten Weltkriegs bis zu dem kurz vor seinem Tod erschienenen Band *Le Requiem.* Der Schwerpunkt liegt dabei auf der frühen Dichtung der zwanziger Jahre mit ihrem oft verspielten Ton und zum andern auf den eigenwillig rhythmisierten Gedichten des *Requiems,* in denen sich eine durchaus nicht metaphorische Bedrohung durch den Tod spiegelt.

Alle Gedichte erscheinen hier sowohl in deutscher Übersetzung als auch im französischen Original.

JEAN COCTEAU
WERKAUSGABE IN ZWÖLF BÄNDEN

☆

DIE GROSSE KLUFT · DAS WEISSBUCH
Erzählende Prosa I

THOMAS DER SCHWINDLER
DAS PHANTOM VON MARSEILLE
Erzählende Prosa II

KINDER DER NACHT
Erzählende Prosa III

DIE HOCHZEIT AUF DEM EIFFELTURM
ORPHEUS · DIE HÖLLENMASCHINE
Theater I

DIE GELIEBTE STIMME · DER DOPPELADLER
Theater II

OPERA · CHORAL
Gedichte I

SPIEGELSCHRIFTEN
Gedichte II

DAS BLUT EINES DICHTERS
DIE SCHÖNE UND DAS TIER · ORPHEE
Filme

DAS BERUFSGEHEIMNIS
Kritische Poesie I

OPIUM
Kritische Poesie II

DIE SCHWIERIGKEIT, ZU SEIN
Kritische Poesie III

DIE FARBEN DER ERINNERUNG
DER LEBENSWEG EINES DICHTERS
Kritische Poesie IV

INHALT

Aus

DISCOURS DU GRAND SOMMEIL

(1916–1918)

REDE VOM GROSSEN SCHLAF

Woraus übersetzt? Aus jener toten Sprache,
jenem toten Land, wo meine toten Freunde sind.

Dem Andenken von Jean Le Roy gewidmet

MALÉDICTION AU LAURIER

Tu écartes dans tous les sens tes branches,
Soleil du soir, cerisier en fleurs.

Voici de Mars en nous que déferlent
Embruns d'amour inconnus sur les dunes.

Ici ne furent semés qu'hommes bleus
Qui, soudain, poussent jusqu'au ciel.

Ici les vergers ne peuvent pas naître.
Le sol est un ours gourmand d'ignoble miel.

Mais ailleurs, je sais que le printemps naît
Comme Vénus, des vagues de la terre.

Aidé par les chiens, le laitier, l'angélus,
Par les coqs rempailleurs de cris, par la forge,

Par la rumeur en détail d'un village à des kilomètres,
Par moi, Vénus, qui me meurs.

Je sens avec délice en moi les folles bulles
D'où tu jaillis comme un bouchon d'or,

Vénus! debout sur la mer: feu grégeois,
Char des marins au carnaval de Nice.

VERDAMMUNG DES LORBEERS

Nach allen Seiten treibst du deine Zweige,
Sonne des Abends, Kirschenbaum in Blüte.

In uns versprühen sich des Märzens feine
Schauer der Liebe, die den Dünen unbekannt.

Hier säte man nur blaue Menschen aus,
Die plötzlich aufgehn, hoch zum Himmel schießen.

Hier können keine Obstgärten gedeihen.
Der Boden: Bär, nach schnödem Honig lechzend.

Doch andernorts erwächst der Frühling, weiß ich,
Wie Venus, aus den Wellen unsrer Erde.

Ihm helfen Hunde, Milchmann, Abendandacht,
Die Hähne, schreieflechtend, Schmiedefeuer,

Der Lärm, der deutlich dringt vom fernen Dorfe
Und ich, den du, Venus, zu Tode quälst.

Ich fühl beschwingt in mir die tollen Blasen,
Du fährst aus ihnen auf als goldner Korken.

Venus! auf Meereswogen: griechisch Feuer,
Matrosenkarrn beim Karneval von Nizza.

Que pourrait-il sortir de notre mer morte?
Les arbres d'ici sont des épouvantails.

Maintenant le soleil est dans la mer du Nord.
Il ne reste que les projecteurs de la côte.

Ces projecteurs aveugles font des gestes
D'automate, tâtant les angles d'un plafond.

Il ne reste plus que du froid carré,
Que cette fusillade leste,

Que ces garçons français et allemands, statues
Face à face, cassées par des secousses,

Que ce laurier de gloire qui pousse
Sans joie, uniquement nourri de marbre.

Laurier inhumain, que la foudre
D'Avril te tue.

Was könnte unserm toten Meer entsteigen?
Die Bäume hier sind kahle Vogelscheuchen.

Jetzt taucht die Sonne in der Nordsee unter.
Man sieht nur noch die Strahler an der Küste.

Mit Automatengesten tasten diese
Scheinwerfer, blind, vier Deckenwinkel ab.

Nichts bleibt als dieses eiskalte Geviert,
Als dies behende Feuer der Gewehre,

Als die französischen und deutschen Jungen,
Statuen, Aug in Aug, von Einschlägen gemäht,

Als, freudlos sprießend, dieser Ruhmeslorbeer,
Der sich allein von kaltem Marmor nährt.

Unmenschlicher Lorbeer, daß der Blitz
Des Aprils auf dich herniederfahre!

VISITE

J'ai une grande nouvelle triste à t'annoncer: je suis mort. Je peux te parler ce matin, parce que tu somnoles, que tu es malade, que tu as la fièvre. Chez nous, la vitesse est beaucoup plus importante que chez vous. Je ne parle pas de la vitesse qui se déplace d'un point à un autre, mais de la vitesse qui ne bouge pas, de la vitesse elle-même. Une hélice est encore visible, elle miroite; si on y met la main, elle coupe. Nous, on ne nous voit pas, on ne nous entend pas, on peut nous traverser sans se faire de mal. Notre vitesse est si forte qu'elle nous situe à un point de silence et de monotonie. Je te rencontre parce que je n'ai pas toute ma vitesse et que la fièvre te donne une vitesse immobile rare chez les vivants. Je te parle, je te touche. C'est bon, le relief! Je garde encore un souvenir de mon relief. J'étais une eau qui avait la forme d'une bouteille et qui jugeait tout d'après cette forme. Chacun de nous est une bouteille qui imprime une forme différente à la même eau. Maintenant, retourné au lac, je collabore à sa transparence. Je suis Nous. Vous êtes Je. Les vivants et les morts sont près et loin les uns des autres comme le côté pile et le côté face d'un sou, les quatre images d'un jeu de cubes. Un même ruban de clichés déroule nos actes. Mais vous, un mur coupe le rayon et vous délivre. On vous voit bouger dans vos paysages. Notre rayon à nous traverse les murs. Rien ne l'arrête. Nous vivons épanouis dans le vide.

Je me promenais dans les lignes. C'était le petit jour. Ils ont dû m'apercevoir par une malchance, un intervalle, une

BESUCH

Ich habe dir eine wichtige traurige Neuigkeit mitzuteilen: Ich bin tot. An diesem Morgen kann ich zu dir sprechen, weil du krank bist, in Fieberträumen liegst. Bei uns hat die Geschwindigkeit weit größere Bedeutung als bei euch. Ich rede nicht von der Geschwindigkeit, mit der man sich von einem Ort an den anderen begibt, sondern von der bewegungslosen Geschwindigkeit, der Schnelle an sich. Ein Propeller ist noch sichtbar, er schillert; hält man die Hand hinein, schneidet er. Uns aber hört und sieht man nicht, man kann uns unbeschadet durchqueren. Unsere Geschwindigkeit ist so hoch, daß sie uns in ein Reich der Stille und Monotonie versetzt. Ich treffe mit dir zusammen, weil ich langsamer bin als gewöhnlich und das Fieber dir eine reglose Schnelle verleiht, die man bei Lebenden nur selten findet. Ich spreche zu dir, berühre dich. Schön, so ein Körperrelief! Ich entsinne mich noch meines eigenen: Ich war ein Wasser, das die Form einer Flasche besaß und alles an dieser Form gemessen hatte. Jeder von uns ist solch eine Flasche, die dem stets gleichen Wasser wechselnde Form verleiht. Nun, in den See zurückgekehrt, wirke ich mit an seiner Transparenz. Ich bin wir. Ihr seid ich. Die Lebenden und die Toten sind einander so nah und so fern wie die Vorder- und Rückseite einer Münze, die vier Abbildungen eines Würfelmosaiks. Unsere Handlungen werden von ein und demselben Negativstreifen abgezogen. Euren Lichtstrahl unterbricht eine Wand. Sie setzt euch frei. Man sieht euch durch Gärten und Felder wandeln. Unser Strahl

mauvaise plantation du décor. J'ai dû me trouver à découvert, stupide comme le rouge-gorge qui continue à faire sa toilette sur une branche pendant qu'un gamin épaule sa carabine. J'arrangeais ma cravate. Je me disais qu'il allait falloir répondre à des lettres. Tout à coup, je me suis senti seul au monde, avec une nausée que j'avais déjà eue dans un manège de la foire du Trône. L'axe des courbes vous y décapite, vous laisse le corps sans âme, la tête à l'envers et loin, loin, un petit groupe resté sur la terre au fond d'atroces miroirs déformants.

Je n'étais ni debout, ni couché, ni assis, plutôt répandu, mais capable de distinguer, ailleurs, contre les sacs, mon corps comme un costume ôté la veille. Surtout que j'avais souvent remarqué à Paris, dans ma chambre, au petit jour, cet air fusillé d'une chemise.

J'avais cet air-là de vieux costume, de chemise par terre, de lapin mort, sans l'avoir, puisque ce n'était pas moi, comme la chambre à laquelle on pense et la même chambre dans laquelle on se trouve. Alors, j'eus conscience d'être la fausse chambre et d'avoir franchi par mégarde une limite autour de laquelle les vivants, sans lâcher prise, arrangent leurs jeux dangereux.

Avais-je lâché prise? Je me sentais sorti de la ronde, débarqué en somme, et seul survivant du naufrage. Où étaient les autres? Je te parle de tout cela, mais sur le moment, je ne pouvais les situer, ni toi, ni moi, ni personne.

Une des premières surprises de l'aventure consiste à se sentir déplié. La vie ne vous montre qu'une petite surface d'une feuille pliée un grand nombre de fois sur elle-même. Les actes les plus factices, les plus capricieux, les plus fous des vivants s'inscrivent sur cette surface infirme. Intérieu-

jedoch durchdringt die Mauern. Nichts hält ihn auf. Wir entfalten uns in der Leere.

Ich spazierte durch den Frontabschnitt. Es war früh am Morgen. Man mußte mich wohl durch einen dummen Zufall bemerkt haben, als ich das Gelände schlecht ausnutzte, irgendwo in einem Zwischenraum. Da stand ich nun, ohne jede Deckung, wie ein dummes Rotkehlchen, das fortfährt, sich auf seinem Zweig zu putzen, während irgend so ein Strolch den Karabiner anlegt. Ich rückte gerade meine Krawatte zurecht. Ich sagte mir, daß es jetzt an der Zeit wäre, ein paar Briefe zu beantworten. Plötzlich fühlte ich mich ganz allein auf der Welt, von jenem Ekel erfüllt, den ich schon einmal auf einem Rummelplatzkarussell verspürt hatte. Seine Rotationsachse enthauptet euch, zieht euch die Seele aus dem Leib, stellt euch kopf – und weit, weit weg eine kleine Gruppe von Zuschauern, die auf der Erde geblieben sind, auf dem Grunde entsetzlicher Zerrspiegel.

Ich stand nicht, lag nicht, saß nicht, war vielmehr vergossen, aber noch imstande, die Umrisse meines Körpers, dort bei den Sandsäcken, wahrzunehmen. Er ähnelte einem am Abend zuvor abgelegten Anzug. In meinem Pariser Zimmer hatte ich diesen füsilierten Ausdruck meines Hemdes am frühen Morgen schon öfter bemerkt.

Wie ein alter Anzug, ein herumliegendes Hemd, ein toter Hase hatte ich also ausgesehen, und doch auch wieder nicht, denn das war ich nicht; so geht es uns mit einem Zimmer, an das man denkt und in dem man sich gleichzeitig befindet. Mir wurde bewußt, daß ich das falsche Zimmer war, daß ich aus Versehen eine Obergrenze passiert hatte, an welcher die Lebenden, ohne loszulassen, ihre gefährlichen Spiele treiben.

rement, mathématiquement, la symétrie s'organise. La mort seule déplie la feuille et son décor nous procure une beauté, un ennui mortels.

Constater cela me suppose sorti du système. Il est donc anormal que je constate. Je ne constaterai plus dans quelque temps. Ce temps représentera-t-il chez vous une seconde ou plusieurs siècles? Bientôt, je ne comprendrai plus ce que je suis, je ne me souviendrai plus de ce que j'étais, je ne viendrai plus parmi vous. Ah, solitude! Nageur noyé, déjà je fonds! déjà je suis écume! Tu sais, j'ai peine à trouver des mots qui répondent aux choses que j'éprouve. Aucune puissance ne m'a défendu cet essai d'éclaircir les mystères, mais je me sens un drôle de coupable, car je suis déjà l'organisation que je dénonce. Et je ris moi-même, comme les affiliés se voyant trahis par un novice mal au courant de leurs secrets, tellement j'ai de peine à expliquer ma pénombre.

Mais, du reste, ce que je te raconte n'est-il pas un simple reflet de ce que tu penses? Je ne dis pas cela pour construire autour de toi un piège en glaces. Je m'exprime encore trop humainement pour ne pas me méfier de moi.

Ce qui t'étonne, c'est que je parle comme tes livres, que je sache si bien ce qu'ils contiennent. J'étais de ceux qui doutent. Tu ne me grondais pas. Tu ne m'expliquais pas. Tu me traitais comme un enfant, comme une femme. J'étais naïvement ton ennemi.

Je te demande pardon. C'est pour te demander pardon que j'ai fait l'étrange effort d'apparaître. La poésie ressemble à la mort. Je connais son œil bleu. Il donne la nausée. Cette nausée d'architecte toujours taquinant le vide, voilà le propre du poète. Le vrai poète est, comme nous, in-

Hatte ich losgelassen? Ich spürte, daß ich mich von jenen, die mit mir an Bord gekommen waren, entfernt hatte. Ich war der einzige Überlebende des Schiffbruchs. Und wo waren die anderen? Jetzt vermag ich dir von all dem zu erzählen, aber im ersten Augenblick konnte ich sie nicht orten, auch nicht dich oder mich, niemanden.

Eine der ersten Überraschungen des Abenteuers besteht darin, daß man sich auseinandergefaltet fühlt. Das Leben zeigt uns nur die winzige Oberfläche eines Dutzende Male zusammengelegten Stück Papiers. Die übertriebensten, launischsten, närrischsten Taten der Lebenden ritzen sich in diese kümmerliche Oberfläche ein. Inwendig organisiert sich dann, mathematisch exakt, die Symmetrie. Erst der Tod entfaltet das Blatt, und seine Verzierungen verschaffen uns tödliche Schönheit und Langeweile.

Um dies festzustellen, müßte ich mich eigentlich außerhalb des Systems befinden. Es ist mithin recht ungewöhnlich, daß ich solche Feststellungen treffen kann. In einiger Zeit werde ich das nicht mehr tun. Handelt es sich dabei für euch um eine Sekunde oder mehrere Jahrhunderte? Bald werde ich nicht mehr begreifen, was ich bin, mich nicht mehr entsinnen, was ich war, werde mich nie wieder unter euch mischen können. Ach Einsamkeit! Schon löse ich mich auf, wie ein ertrunkener Schwimmer! Schon bin ich Schaum! Du weißt, ich habe Mühe, die Dinge, die ich erlebe, in Worte zu kleiden. Keinerlei Macht hat mir diesen Versuch, die Mysterien zu erhellen, verwehrt, aber ich fühle mich auf merkwürdige Art schuldig, denn ich bin schon Teil der Organisation, die ich denunziere. Und ich muß selber lachen, wie alte Verschwörer, welche sich von einem Neuling verraten sehen, der sich nur schlecht in

visible aux vivants. Seul, ce privilège le distingue des autres. Il ne rêvasse pas: il compte. Mais il avance sur un sable mouvant et, quelquefois, sa jambe enfonce jusqu'à nous.

Maintenant, je dénombre tes mécanismes. Je comprends ta pudeur que je confondais avec ma nuit.

Avec le public, j'ai souvent pris pour des ébauches tes pages discrètes comme les blocs de quartz où l'eau solide pense une forme dont un angle seul apparaît.

Et tes givres, tes décalcomanies, ce mot de l'énigme écrit à l'encre sur une feuille pliée vite en deux que tu ouvres ne contenant plus qu'un catafalque. Et, dis-moi, lorsque les naufragés du *Ville de Saint-Nazaire* racontent qu'ils virent tous, la nuit en pleine mer, un Casino avec des marches, des lampions, des massifs de lauriers roses; la mer, la brume et la faim, ne firent-ils pas œuvre de poète? Voilà qui ne relève pas de cette hallucination individuelle que te reprochent tant d'aveugles. Mais ces gens de la felouque étaient accordés par la souffrance. Je ne souffrais pas avant de mourir. Maintenant, ma souffrance est celle d'un homme qui rêve qu'il souffre. Ce rêve est généralement provoqué par quelque douleur.

Tout cela, tout cela s'apparente au tour dont je viens d'être victime. On dirait que c'est un vieux mort qui te parle. Il est si tôt que la relève ne m'a même pas encore trouvé. Je suis aussi auprès de ma mère. Je te vois dans ton lit et je me vois dans la pose d'un homme myope qui cherche son lorgnon sous un meuble. Je commence à me dissoudre. Pour que tu comprennes, il faudrait multiplier à l'infini le mensonge qui fait une boulette qu'on roule avec le bout de ses doigts croisés l'un sur l'autre.

Je voudrais qu'on me dise depuis combien de temps je suis mort.

ihren Geheimnissen auskennt; fällt es mir doch ebenso schwer, mein Schattendasein zu beschreiben.

Aber ist nicht überhaupt alles, was ich dir erzähle, lediglich Widerspieglung dessen, was du denkst? Ich sage das nicht, um rings um dich herum eine Falle aus Spiegeln zu errichten. Ich drücke mich noch viel zu sehr auf Menschenart aus, um nicht Mißtrauen gegenüber mir selbst zu hegen.

Dich erstaunt, daß ich wie deine Bücher zu dir spreche, daß mir ihr Inhalt so vertraut ist. Ich gehörte zu den Zweiflern. Du hast mich nicht gescholten, nicht versucht, mich zu belehren. Du hast mich behandelt wie ein Kind, wie eine Frau. Ich war auf naive Art dein Feind.

Ich bitte dich um Verzeihung. Dazu unternahm ich die ungeheure Anstrengung, dir zu erscheinen. Die Poesie ähnelt dem Tod. Ich kenne ihr blaues Auge. Es erregt Übelkeit. Jenen Ekel, den ein Architekt empfindet, wenn er stets aufs neue der Leere einen Streich zu spielen sucht – ebendarin liegt das Wesen des Dichters. Der wahre Dichter ist, genau wie wir, für die Lebenden unsichtbar. Das allein zeichnet ihn vor den anderen aus. Er träumt nicht vor sich hin: er rechnet. Aber er schreitet auf Treibsand voran, und manchmal taucht sein Bein hinab bis zu uns.

Jetzt zähle ich deine Mechanismen auf. Ich verstehe dein Schamgefühl, das ich lange Zeit mit meiner Nacht verwechselte.

So wie die allermeisten habe ich deine Seiten oft für bloße Entwürfe angesehen, dabei waren sie verhalten wie die Quarzblöcke, in die sich das beharrliche Wasser eine Form denkt, von der nur eine einzige Kante sichtbar wird.

Und deine Eisblumen, deine Abziehbilder, deine Rätselworte, mit Tinte auf ein rasch doppelt zusammengefaltetes

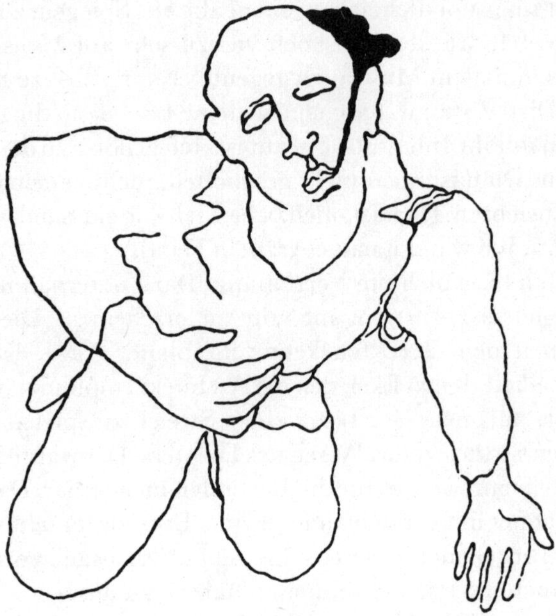

Blatt geschrieben; wenn du es öffnest, enthält es nur einen Katafalk. Und sag selbst, wenn die Schiffbrüchigen der *Ville de Saint-Nazaire* erzählen, daß sie, alle zusammen, nachts auf dem offenen Meer, ein Kasino mit Vortreppe, Lampions und rosa Lorbeerbüschen gesehen haben – brachten da das Meer, der Nebel und der Hunger nicht das Werk eines Dichters hervor? Ursache hierfür ist nicht jene individuelle Sinnestäuschung, die dir soviele Blinde vorwerfen. Nein, die Menschen in der Schaluppe waren durch ihr Leid vereint und empfanden das gleiche. Vor dem Sterben habe ich nicht gelitten. Jetzt ist mein Leid das eines Menschen, der träumt, daß er leidet. Dieser Traum wird im allgemeinen durch irgendeinen Schmerz ausgelöst.

All das hat mit dem Trick zu tun, dem ich grade zum Opfer gefallen bin. Man könnte meinen, daß da ein alter Toter zu dir spräche. Es ist so früh, daß die Ablösung mich noch gar nicht gefunden hat. Auch bin ich nun in der Nähe meiner Mutter. Ich sehe dich in deinem Bett liegen, und ich sehe mich in der Pose eines Kurzsichtigen, der unter den Möbeln nach seinem Monokel sucht. Ich beginne mich aufzulösen. Um dir das begreiflich zu machen, müßte man die von einem mit aufeinandergelegten Fingerspitzen gerollten Kügelchen ausgehende Lüge bis ins Unendliche vervielfachen.

Ich möchte endlich wissen, wie lange ich schon tot bin!

Aus

POESIES (1917–1920)

GEDICHTE (1917–1920)

ASCENSEUR

Tant de douceur
dans notre moelle,
c'est un masseur
graissé d'étoiles.

Gabriel artificiel,
en tombant du ciel
freine un peu.

On m'a parlé d'un ascenseur extraordinaire à New York;
il donne le baiser de vacuum cleaner
et on vous retire en bas, comme une loque.

Petite cabine vernie,
abominable douceur.

La mort fauche avec son aile,
tous les échelons de l'échelle.

Une ébauche
d'agonie.

Le mât de hune.
huilé de lune.

FAHRSTUHL

Die Süße, die schwer
unser Mark durchdringt,
gleicht einem Masseur,
mit Sternen geschminkt.

Künstlicher Gabriel,
beim Himmelssturz
bremst er kurz.

Man erzählte mir von einem außergewöhnlichen Fahrstuhl aus
New York; er gibt den vacuum cleaner Kuß
man zieht euch dann unten als Putzlappen raus.

Abscheuliche Wohltat, die
kleine lackierte Kabine.

Mit seinem scharfen Flügel schneidt der
Tod alle Sprossen aus der Leiter.

Ein leichtes Verspüren
von Agonie.

Bleicher Mondenschein
ölt den Marsmast ein.

On touche le bouton, à gauche,
à l'angle de la vitrine.

La lune douche l'estomac.
Ouvre la bouche

Ut de poitrine.

Man braucht nur den Knopf berühren,
beim Türwinkel in der Näh.

Der Mond duscht den Magen
und öffnet den Mund

zum Bruststimmen-C.

BATTERIE

Soleil, je t'adore comme les sauvages,
à plat ventre sur le rivage.

Soleil, tu vernis tes chromos,
tes paniers de fruits, tes animaux.

Fais-moi le corps tanné, salé;
fais ma grande douleur s'en aller.

Le nègre, dont brillent les dents,
est noir dehors, rose dedans.

Mois je suis noir dedans et rose
dehors, fais la métamorphose.

Change moi d'odeur et de couleur,
comme tu as changé Hyacinthe en fleur.

Fais braire la cigale en haut du pin,
fais-moi sentir le four à pain.

L'arbre à midi rempli de nuit
la répand le soir à côté de lui.

Fais-moi répandre mes mauvais rêves,
soleil, boa d'Adam et d'Eve.

BATTERIE / SCHLAGZEUG

Sonne, ich werf, nach Wildenbrauch
vor dir am Strand mich auf den Bauch.

Sonne, beständig beim Lackieren
von Farben, Obstkörben und Tieren.

Bräun meinen Körper, salz mich ein;
ersticke meine Seelenpein.

Der Mohr, mit Zähnen weiß wie Linnen,
ist außen schwarz und rosig innen.

Im Innern schwarz jedoch bin ich
und außen rosa: Wandle mich!

Bis fremd mir Duft und Farbe sind,
wie du verwandelt Hyazinth.

Auf Pinien laß Zikaden schrein,
Mit Ofenhitze heiz mir ein.

Der Baum, zu Mittag Zufluchtsort
der Nacht, gießt diese abends fort.

Vergieß den Traum, vor dem ich bange,
Sonne, du Paradiesesschlange.

Fais-moi un peu m'habituer,
à ce que mon pauvre ami Jean soit tué.

Loterie, étage tes lots
de vases, de boules, de couteaux.

Tu déballes ta pacotille
sur les fauves, sur les Antilles.

Chez nous, sors ce que tu as de mieux,
pour ne pas abîmer nos yeux.

Baraque de la Goulue, manège
en velours, en miroirs, en arpèges.

Arrache mon mal, tire fort,
charlatan au carrosse d'or.

Que j'ai chaud! C'est qu'il est midi.
Je ne sais plus bien ce que je dis.

Je n'ai plus mon ombre autour de moi
soleil! ménagerie des mois.

Soleil, Buffalo Bill, Barnum,
tu grises mieux que l'opium.

Tu es un clown, un toréador,
tu as des chaînes de montre en or.

Gewöhne mich allmählich an
die Tötung meines Freundes Jean.

Verteile deine Lose besser,
die Vasen, Bälle – und die Messer.

Wirf deinen Plunder zu den stillen,
raubgiergen Katzen der Antillen.

Bei uns zeig Waren, die was taugen,
die nicht beschämen unsre Augen.

Tanzbude der Goulue mit Borden
aus Spiegeln, Samt und Zupfakkorden.

Reiß aus mein Leid mit starker Trosse,
du Scharlatan in Goldkarosse.

Wie ist mir heiß am hellen Tage!
Ich weiß schon nicht mehr, was ich sage.

Mein Schatten schwand mir sowieso,
Sonne! du bist ein Monats-Zoo.

Sonne, Buffalo Bill, Barnum,
Rausch, stärker als von Opium.

Du Clown, du Kämpfer mit dem Stier
trägst goldne Uhrketten an dir.

Tu es un nègre bleu qui boxe
les équateurs, les équinoxes.

Soleil, je supporte tes coups;
tes gros coups de poing sur mon cou

C'est encore toi que je préfère,
soleil, délicieux enfer.

Du boxt als blauschwarz Gladiator
die Menschen beidseits vom Äquator.

Nun, ich ertrage jedenfalls
die Faustschläge auf meinen Hals.

Dir, Sonne, bin ich allzeit gut,
du allerliebste Höllenglut.

ROMANCE

Mon toit penche, rose en ardoises;
Le matin travaille dessus.
Dans le printemps de Seine-et-Oise,
Jadis, on était bien reçu.

Parfois, une rose charmante,
Perdait ses joues sur le gazon;
Le vent du sud qui la tourmente,
Matelot berce ta maison.

Les perles dans la mer de Chine.
Le plongeur nègre est un soda.
Nous ne sommes plus des machines.
Le ciel se déguise en soldat.

Sans doute une rose inconnue
Fera notre pays vainqueur;
Montre-moi ton épaule nue:
Je sais ton visage par cœur.

ROMANZE

Mein Dach strebt ziegelrosig nieder,
Wenn Morgenlicht es übergießt.
In Seine-et-Oise ist Frühling wieder;
Einst ward man freundlich hier begrüßt.

Eine charmante Rose schüttet
Ihr Wangenrot im Grase aus;
Der Südwind, welcher sie zerrüttet,
Schaukelt, Matrose, sacht dein Haus.

Die Perlen tief in Chinas Meer.
Vom Taucher steigt ein Sodapfad.
Wir sind keine Maschinen mehr.
Der Himmel gibt sich als Soldat.

Doch eine Rose wird erstehen,
Zum Sieg verhelfen unsrem Land;
Die nackte Schulter laß mich sehen:
Dein Antlitz ist mir längst bekannt.

THÈME BASQUE

Le petit berger a les joues rouges. Le coq chante mal. Le temps semble se mettre au beau. Les cultivateurs réclament de la pluie. Dans la montagne les nuages s'accumulent et se dissipent très rapidement.

La population de cette contrée aime beaucoup la danse. Avez-vous fait une promenade? La forêt est à deux kilomètres mais on y trouve de l'ombre.

Un mulet peut porter de lourdes charges. C'est une bête courageuse et agréable à voir. Le jeu de pelote nécessite une certaine force et beaucoup d'adresse.

Cette source est excellente. On y vient des environs. Aimez-vous l'eau? Oui, mais je préfère le vin. Les cloches des troupeaux fatiguent le malade. Les aigles volent sans remuer les ailes. La montagne offre de curieux effets de perspective: La petite fille a voulu cueillir un chardon bleu, mais il était de l'autre côté du ravin.

BASKISCHES THEMA

Der kleine Schäfer hat rote Wangen. Der Hahn kräht schlecht. Das Wetter scheint sich zu bessern. Die Landwirte verlangen nach Regen. Im Gebirge treiben die Wolken rasch zusammen und lösen sich ebenso schnell wieder auf.

Die Bewohner dieses Landstrichs tanzen sehr gern. Haben Sie schon einen Spaziergang gemacht? Der Wald liegt zwei Kilometer von hier entfernt, doch man findet dort Schatten.

Ein Maulesel kann schwere Lasten tragen. Er ist ein tapferes Tier, es macht Freude, ihn anzuschauen. Das Pelota-Spiel erfordert eine gewisse Kraft und sehr viel Gewandtheit.

Diese Quelle ist ausgezeichnet. Hierher kommt man aus der ganzen Umgebung. Mögen Sie Wasser? Ja, aber ich bevorzuge Wein. Das Gebimmel der Herden belästigt den Kranken. Die Adler kreisen, ohne mit den Flügeln zu schlagen. Im Gebirge trifft man auf merkwürdige perspektivische Phänomene: Das kleine Mädchen wollte eine blaue Distel pflücken, die jedoch stand auf der anderen Seite der Schlucht.

OUEST

Le réveil ratissé

ouvre,

ce sont des gammes.

Les roses toutes nues

On entend les trains;
signe d'orage.

Les guêpes dans les confitures:
le chasseur de tigres sourit.

Le toit domine un champ de courses.

Après dîner, comme l'âme des
jockeys morts, la montgolfière
monte au ciel.

Dis bonsoir à tout le monde.

WESTEN

Der Harkenwecker
ouvertürt,
das sind Tonleitern!
Splitternackte Rosen

Man hört die Züge –
Gewitterzeichen.

Die Wespen am Eingemachten:
der Tigerjäger lächelt.

Das Dach ragt über eine Rennbahn.

Nach dem Abendessen steigt
die Montgolfiere, wie die Seele
der toten Jockeys, zum Himmel auf.

Sag aller Welt: Guten Abend!

ILES

A Palma de Majorque
Tout le monde est heureux.
On mange dans la rue
Des sorbets au citron.

Des fiacres, plus jolis
Que des violoncelles,
Vous attendent au port
Pour vous mettre à l'hôtel.

Racontez-moi encore
Palma des Baléares;
Je ne connais qu'une île
Au milieu de la Marne.

Elle est petite, en tôle,
Comme un tir de la foire;
Mon cœur est l'œuf qui danse
Sur le haut du jet d'eau.

Monsieur le photographe,
Un oiseau va sortir.
La noce qui s'embarque . . .
Je reste seul sauvage.

INSELN

In Palma auf Mallorca
Sind alle Menschen glücklich.
Man ißt auf den Straßen
Zitronensorbets.

Fiaker, noch hübscher
Als Violoncelli,
Erwarten euch am Hafen
Und fahrn euch ins Hotel.

Erzählt mir doch noch mehr vom
Palma der Balearen;
Ich kenn nur eine Insel,
Und die liegt in der Marne.

Aus Blech ist sie und winzig
Wie eine Marktschießbude;
Mein Herz – das Ei im Tanze
Hoch auf dem Wasserstrahl.

Herr Photograph, ein Vogel
Wird aus der Linse fliegen.
Die Hochzeit geht an Bord jetzt . . .
Ich bleib allein und wild.

Marquises, Carolines,
Votre nom sur la carte.
Grave le mien dans l'arbre
Près de la balançoire.

Express et paquebots
Qui bercent nos voyages,
Ce sont le bateaux-mouche
Et les trains de plaisir.

Marquesas, Karolinen,
Euer Name auf der Karte.
Den meinen grab ich nahe
Der Schaukel in den Baum.

Eilzüge, Hochseeschiffe,
Die uns beim Reisen wiegen,
Sind kleine Seine-Dampfer
Und die Vergnügungsbahn.

LA LORRAINE

MIDI

Le rameur, ange en bois, remue avec ses ailes
Aphrodite, ses autruches, ses diamants,
Du large calme, à vous, au bord, vague fidèle,
Calèche d'émeraude aux coursiers écumants.

Les épaves d'ici, bidons, ancres, solives,
Mâts, méduses, regard de noyés aux vitrines
Du boulevard des capitales sous-marines;
Et la mer se retire en suçant ses salives.

Vite, j'enlève ma chemise, mon chapeau;
Je me couche, naufragé nu de ce rivage,
Obligeant à sortir, sous la chaleur sauvage,
Le hâle, un Indien caché dans notre peau.

SÜDEN

Ein Holzengel, so treibt der Rudrer mit den Schwingen
Die Diamanten, Aphrodite, Strauße an,
Bis sie ans Ufer euch als frohe Welle dringen,
Smaragdkalesche mit schaumtriefendem Gespann.

Die Masten, Anker hier, Kanister, letzte Brocken
Des Wracks, Medusen auch, der Blick der Wasserleichen
Vor Scheiben der Boulevards in tiefen Meeresreichen;
Die See zieht sich zurück, schlürft ein die Speichelflocken.

Rasch fort mit Hut und Hemd! So bin ich, ausgestreckt,
Ein Schiffbrüchiger, nackt an diesen Strand geschwommen,
Und zwing das Bronzebraun, durch Glut, herauszukommen,
Einen Indianer, der in unsrer Haut versteckt.

FÊTE DE MONTMARTRE

Ne vous balancez pas si fort,
Le ciel est à tout le monde;
Marin d'eau douce, la nuit profonde
Se moque de vos ancres d'or,
Et boit, debout, en silence,
Comme du papier buvard,
Votre dos bleu, qui encense,
Puissamment le boulevard.

FEST AM MONTMARTRE

Nicht zum Himmel hoch schaukeln! Mach sacht!
Er ist nicht nur für dich alleine;
Süßwassermatrose, ach deine
Goldnen Anker verspottet die Nacht,
Wenn sie, als Löschblatt, das nasse
Blau deines Rückens trinkt,
Der, gleich einem Weihrauchfasse,
Überm Boulevard hinschwingt.

SOLEILS

Un enfant tendrait ce piège. L'homme se déguise en vitrier. Il tourne le dos sans avoir l'air de rien. Le soleil s'y laisse toujours prendre.

A Rome, dans le Colisée, le soleil est un vieux lion aveugle qui a une langue fraîche. Sa langue n'est autre que l'ombre. Il se la passe lentement sur les pattes du matin au soir.

Un phonographe sur la montagne. Le coq de la poste chante mal. La rosée le rouille. Il pousse des cris de seau en fer-blanc. Ici c'est un autre genre: le soleil s'arrête à douze et on gagne un vase bleu.

Au bord de la mer, la mer avale un soleil tous les soirs. On le voit descendre. Ce sont les vagues.

SONNEN

Ein Kind könnte diese Falle stellen. Der Mensch verkleidet sich als Glaser, dann wendet er ihr mit Unschuldsmiene den Rücken zu. So läßt sich die Sonne immer einfangen.

In Rom, im Kolosseum, ist die Sonne ein blinder alter Löwe mit kühler Zunge; seine Zunge – nichts weiter als der Schatten. Mit ihr leckt er sich langsam die Pranken, von morgens bis abends.

Ein Grammophon auf dem Gebirge. Der Posthahn kräht schlecht. Der Tau macht ihn rosten. Er schreit wie ein Blecheimer. Das hier ist etwas anderes: Die Sonne bleibt auf der Zwölf stehen und man gewinnt eine blaue Vase.

An der Küste verschluckt das Meer allabendlich eine Sonne. Man sieht sie hinunterrutschen. Das sind die Wogen.

LE PRINTEMPS AU FOND DE LA MER

Le fond de la mer a ses saisons. Comme sur la terre, le printemps est une des plus belles. Le corail bourgeonne et les éponges respirent l'eau bleue à pleins poumons. Une forêt de cerfs rouges écoute un bruit d'hélice. Il arrive de très haut dans les cieux de la mer. Quelquefois, un aéronaute tombe des cieux de la mer. Il tombe lentement et se roule dans le sable. Les fleurs dorment debout et il y en a une foule qui disent adieu. Les poissons manchots se posent dessus. Ils donnent de gros baisers à la mer. A cause de l'éclairage et du décor on se croirait souvent chez le photographe. Un panache de globules gazouille dans le coin. Il s'échappe du petit robinet qui change l'eau salée.

FRÜHLING AUF DEM MEERESGRUND

Der Meeresgrund hat seine Jahreszeiten. Ganz wie auf der Erde, zählt der Frühling zu den schönsten. Die Koralle treibt Knospen, und die Schwämme atmen in tiefen Zügen das blaue Wasser. Ein Wald von Rothirschen lauscht auf das Geräusch einer Schiffsschraube. Es kommt von sehr weit oben, aus den Himmeln des Meeres. Zuweilen fällt ein Luftschiffer aus den Meerhimmeln herab. Er fällt langsam und rollt in den Sand. Die Blumen schlafen im Stehen, und eine Unzahl von ihnen sagt Lebewohl. Die stummelarmigen Fische flanieren über sie hinweg. Sie geben dem Meer schmatzende Küsse. Aufgrund der Beleuchtung und des Dekors wähnt man sich oftmals beim Photographen. In der Ecke – ein Bausch perlender Bläschen. Er dringt aus dem kleinen Hahn, der das Salzwasser wechselt.

CARTES POSTALES

CETTE

CETTE. On y entre dès l'aurore.
Nous ne trouvâmes pas un morceau de pain,
Et, de partout, on apercevait le port,
Incendiant sa forêt de sapins.

Ensuite, à partir de neuf heures,
Les maisons vidèrent leur encre près d'elles,
Car le soleil montait en haut du ciel
A un mât de cocagne en fleurs.

Les femmes vendaient des pommes
(Veux-tu me vendre tes joues?)
La pomme est un meuble poli
Par des générations, comme
Les armoires, les lits d'acajou.

Toute la ville était pleine
D'odeurs vite reconnues,
D'ancres d'or, d'ancres de laine,
De mouchoirs autour des cous nus.

Hardi! marin, tes mâts flambent;
Tu vas roussir les poils de tes jambes.

Notre train part à midi.

ANSICHTSKARTEN

DIE HIER / CETTE

CETTE. Bei Sonnenaufgang trafen
Wir ein – und fanden nicht ein Stückchen Brot,
Von überall erblickte man den Hafen
Mit seinem Schonerwald in Flammenrot.

Später, um neun Uhr morgens fast,
Gossen die Häuser ihre Tinte stumm beiseite,
Denn die Sonne stieg empor in blaue Weite
An einem blühenden Klettermast.

Marktfrauen boten ihre Äpfel an
(Verkauf mir deine Wangen, sei so nett).
Der Apfel ist ein Möbel, das, poliert
Durch Generationen, Glanz gewann,
So wie Schrank und Mahagonibett.

Im Städtchen machten wundervolle
Gerüche, bald vertraut, sich breit,
Anker aus Gold, Anker aus Wolle,
Tücher umschlangen Hälse weit.

Deine Masten glühn. Du mußt tapfer sein,
Matrose! Sie sengen die Haare vom Bein.

Unser Zug fährt zur Mittagszeit.

CARTES POSTALES

MARSEILLE LE MATIN

Dans leurs jolies oiselleries,
Marie Roman, Clara Mathieu,
Te vendent des canaris
Et des singes aux fesses bleues.

Des gamins armés de boîtes
Violent tes pieds dans la foule,
Et après, tes pieds miroitent
Avec l'azur et les moules.

Et à midi: oriflamme!
Chez Basso suspendu en l'air,
Les *Portugaises,* sabots d'un âne
Qui a marché dans l'eau de mer.

ANSICHTSKARTEN

MARSEILLE AM MORGEN

In ihren hübschen Tiergeschäften,
Clara Mathieu, Marie Roman:
Sie bieten blaubesteißte Äffchen
Und auch Kanarienvögel an.

Die Schuhputzjungen an den Ecken
Treten dir im Gedränge rauh
Auf deine Füße, und die Flecken
Schillern azur- und muschelblau.

Und dann zu Mittag: Oriflamme!
Bei Basso in der Luft entrollt;
Die Austern hier – Hufspur im Schlamme:
Ein Esel ist ins Meer getollt.

LE SECRET DU BLEU

Le secret du bleu est bien gardé. Le bleu arrive de là-bas. En route, il durcit peu à peu et se change en montagne. La cigale y travaille. Les oiseaux y travaillent. En réalité, on ne sait rien. On parle du bleu de Prusse. A Naples, la Sainte-Vierge reste dans les trous des murs quand le ciel se retire.

Un seul fleuve traverse les jungles. Les lions y mouillent leur barbiche. Le difficile serait d'admettre en plein air la présence de la dompteuse nue et de son cow-boy.

Mais ici tout est mystère. Mystère le saphir, mystère la Sainte-Vierge, mystère le siphon, mystèere le col du marin, mystère les rayons bleus qui rendent aveugle et ton œil bleu qui traverse mon cœur.

DAS GEHEIMNIS DES BLAUS

Das Geheimnis des Blaus wird gut gehütet. Das Blau kommt von da unten. Unterwegs erhärtet es allmählich und verwandelt sich in Berggipfel. In denen wirken die Zikade, die Vögel. Im Grunde weiß man gar nichts. Man spricht vom Preußischblau. Wenn sich in Neapel der Himmel zurückzieht, bleibt die Heilige Jungfrau in den Mauerlöchern.

Ein einziger Strom durchquert den Dschungel. Die Löwen feuchten in ihm ihren Spitzbart an. Die Schwierigkeit bestünde darin, zu gestatten, daß die nackte Dompteuse und ihr Cowboy, ohne Gitter, unter freiem Himmel auftreten.

Aber alles hier ist Mysterium. Mysterium der Saphir, Mysterium die Heilige Jungfrau, Mysterium der Siphon, Mysterium der Kragen des Matrosen, Mysterium die blauen Strahlen, die erblinden lassen, und dein blaues Auge, das mein Herz durchbohrt.

TERRE

Je me rappelle bien les bars tristes, les cales,
L'odeur d'un port qui sent surtout la chair humaine.
Le port est un vieux vase où croupissent les vagues
Mortes là, en sautant le mur trop haut des digues.

Les caisses, les paquets de misère, les balles
De coton, (où l'amour des voyages nous mène
C'est incroyable!) Riche il enlève la bague
Du cigare, bijou pour marchande de figues.

Billard. Ce nègre fume, appuyé sur nos malles;
Est-il sensible ou non au chant de la sirène?
Les mines, Dieu merci, que le chalutier drague,
Plus molles que sa jambe, oublieuse des gigues.

Adieux, panoramas qui laissent les mains sales;
Décidément mon cœur a déjà trop de peine.
Il ne me suffit pas de vos promesses vagues
Et contre nous le vent, les pirates se liguent.

Je veux connaître enfin le fond de ma fatigue.
Qu'il parte, matelot, fouillant sa vieille blague
Et chiquant le mal du pays à perdre haleine.
Une mort pour de rire à toutes les escales.

ERDE

Der tristen Bars entsinn ich mich, der Lagerhallen,
Im Hafen roch es nach dem Fleisch der Menschenmassen.
Uralte Vase ist der Hafen, wo die Wogen,
Schon faulig, sich am Kai zu Tode springen.

Die Lumpenbündel und die Kisten, Baumwollballen
(Wohin die Reiselust uns führt, ist kaum zu fassen),
Reich, wird die Binde vom Zigarrenbauch gezogen,
Der Feigenhändlerin als Schmuck sie darzubringen.

Billard. Der Neger raucht gelehnt an unsre prallen
Seekoffer. Hört er auf Sirenensang? Die nassen
Minen, die, schwer im Netz, den Fischersmann betrogen,
Sind weicher als sein Bein, dem Tänze längst vergingen.

Ihr Panoramen, lebt nun wohl! Ihr schmiert uns allen
Die Hände schwarz. Mir langt mein Kummer, eure blassen
Versprechen aber nicht! Ich fühl mich angelogen.
Der Wind steht gegen uns, den die Piraten dingen.

Warum bin ich nur so der Lethargie verfallen?
Seemann, kram Tabak aus, daß sie dich fahren lassen!
Und, landkrank, priemt er, bis der Atem ihm verflogen.
Ein Tod, den man belacht, daß alle Häfen klingen.

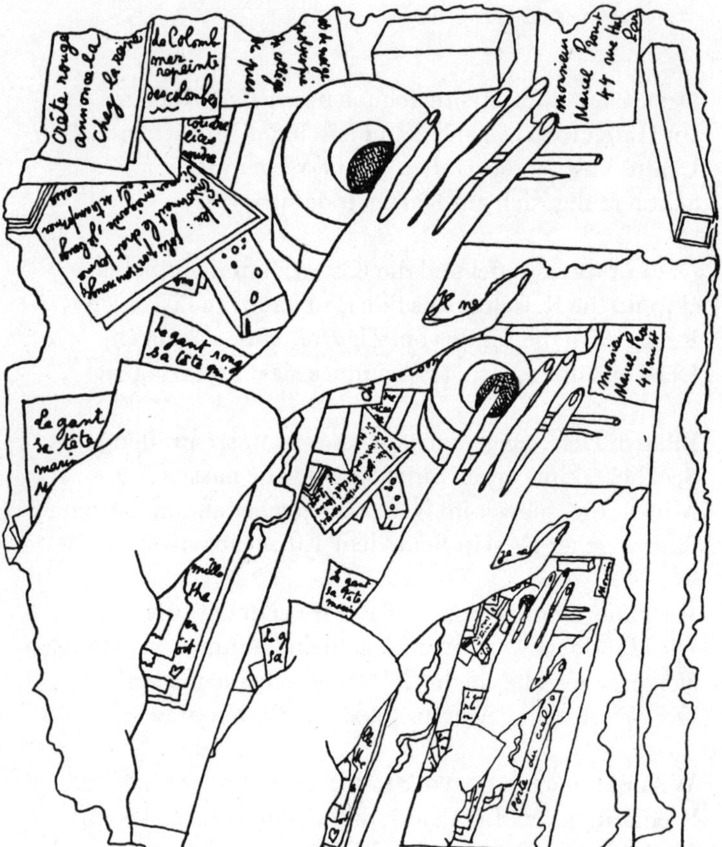

Crête rouge annonce la
chez la reine
de Colomb-
mer
repeints
des colombes
Monsieur
Marcel Proust
44 rue
Le gant rouge
sa tête qui
Le gant
sa tête
Porte du ciel

Aus

VOCABULAIRE

(1922)

WORTSCHATZ

Für

Germaine Tailleferre
Georges Auric
Louis Durey
Arthur Honegger
Darius Milhaud
Francis Poulenc

DOS D'ANGE

Une fausse rue en rêve
Et ce piston irréel
Sont mensonges que soulève
Un ange venu du ciel.

Que ce soit songe ou pas songe,
En le voyant par dessus
On découvre le mensonge,
Car les anges sont bossus.

Du moins bossue est leur ombre
Contre le mur de ma chambre.

ENGELSRÜCKEN

Straße und Kolben trügen,
Die wir im Traum erlebt,
Sie sind eines Engels Lügen,
Der vom Himmel geschwebt.

Ob wir's Traum oder anders nennen,
Die Lüge läßt sich geschwind,
Schaut man von oben, erkennen,
Weil Engel ja bucklig sind.

Nun, ihr Schatten ist es immer
An der Wand von meinem Zimmer.

A FORCE DE PLAISIRS . . .

A force de plaisirs notre bonheur s'abîme.
Que faites-vous de mal, abeilles de ma vie?
Votre ruche déserte étant maison de crime,
Je n'ai plus, d'être heureux, ni l'espoir, ni l'envie.

Sous un tigre royal, la rose aux chairs crispées,
Meurt de peur; il est vrai que ce tigre a des ailes.
Mais l'ange gardien qui casse nos poupées,
A des ailes aussi comme une demoiselle.

Les anges, quelquefois, tachés d'encre et de neige
Car ils font leur journal à la polycopie,
Leurs ailes sur le dos, s'échappent du collège,
Volant un peu partout, plus voleurs que des pies.

La neige est vite marbre aux mains prédestinées;
Du marbre au sel Vénus connaît la route blanche,
Et du sel à la chair enfin la voilà née
Sur la plage où chacun se baigne le Dimanche.

Mais, sachant les détours de la chair aux statues,
Vénus s'endort debout et se réveille au Louvre.
Elle ne risque rien. Chaque fois qu'elle tue,
C'est seulement mille ans après qu'on la découvre.

AN FREUDEN OHNE MASS ...

An Freuden ohne Maß geht unser Glück zugrunde.
Ihr Bienen meines Lebens, sagt, was tatet ihr?
Seit der verlaßne Stock gab von Verbrechen Kunde,
Fehlt mir zum Glücklichsein Erwartung und Begier.

Dem Königstiger nah, der wahrlich Schwingen trägt,
Verzuckt die Rose, stirbt vor Grauen auf der Stelle,
Der Schutzengel jedoch, der Puppen uns zerschlägt,
Hat auch ein Flügelpaar wie jenes der Libelle.

Die Engel stürmen oft, mit Schnee- und Tintenflecken,
Denn ihre Zeitung schreibt sich schließlich nicht allein,
Aus den Gymnasien, ziehn die Flügel an und necken
Die Gegend, elsterngleich, mit kleinen Dieberein.

Der Schnee wird Marmor bald in der geübten Hand,
Der Marmor dann zu Salz, auf Venus trautem Pfade,
Und schließlich Salz zu Fleisch; auf diese Art erstand
Am Strand sie, wo man sich am Sonntag trifft beim Bade.

Der Umwege von Fleisch zu Statuen vertraut,
Schläft Venus aufrecht ein, läßt sich im Louvre wecken.
Sie setzt ja nichts aufs Spiel. Sie tötet ungeschaut,
Und tausend Jahr vergehn, bevor sie zu entdecken.

Endormez-vous au bruit de la machine à coudre
Enfance, cœur cruel amoureux des supplices.
Voici la guêpe morte et l'odeur de la poudre
Et les soleils cloués pour vos feux d'artifice.

Christ, larrons, cloués haut en face du village.
La veille, les soldats jouaient de la musique;
On attendait le soir, on redoutait l'orage,
Et leur mort écrivait: Vive la République.

D'un seul soupir d'amour vit et meurt la fusée,
Elle ouvre ses yeux bleus: ainsi chante le cygne.
Mais voyant de sa mort une foule amusée
Les referme, rend l'âme et tombe dans les vignes.

Souvenirs de campagne, ah! laissez-moi tranquille;
De la rose du soir ne soyez pas le chancre.
J'ai le vertige en haut des maisons de ma ville,
Mon ombre se répand de moi comme de l'encre.

Voici le miel que font mes abeilles, c'est l'ombre
Qui me vide. Je suis plus léger que le liège
Plus léger que l'écume, et cependant je sombre,
Entraîné par Vénus et par l'homme de neige.

Schlaft, Kinder, surrt auch laut der Nähmaschine Faden,
Schlaft, deren Herz verträumt auf Grausamkeiten sann.
Die tote Wespe hier, Geruch von Pulverschwaden ...
Sonnen fürs Feuerwerk schlug man mit Nägeln an.

Wie Christ und Schächer man ans Haupt der Stadt einst schlug.
Der Wachsoldaten Trupp hat noch Musik gegeben,
Weil man die Angst vorm Sturm, das Warten, nicht ertrug;
Ihr Tod verkündete: DIE REPUBLIK SOLL LEBEN!

Nur einen Seufzer lang schlägt die Rakete sterbend
Die blauen Augen auf: so singt der Schwan sein Lied;
Da jubiliert das Volk, der Eindruck ist verderbend –
Ihr bricht der Blick, wenn sie zum Weinberg niederzieht.

Erinnerung ans Land, laß mich in Frieden, sei
Der Abendrose nicht Geschwür, das weiterschreitet.
Hoch über meiner Stadt, fühl Schwindel ich, dabei
Fließt Schatten aus mir aus, wie Tinte sich verbreitet.

Der Honig, mit dem mich mein Bienenschwarm versehen,
Ist dieser Schatten, der mich leert. Ich bin so leicht
Wie Kork, leichter als Schaum und doch am Untergehen,
Von Venus' Armen und des Schneemanns Hand erreicht.

LES CHIENS ABOIENT DE PRÈS . . .

Les chiens aboient de près et de loin le coq chante.
C'est votre façon d'être, ô campagne méchante.
Mais Avril change tout le lendemain matin,
Fait aux arbres fruitiers mâtures de satin,
Sur vigne et papillon frotte le même soufre,
Augmente le soleil sans que la terre en souffre,
Dans le vin de la rose enivre les bourdons,
Et d'amour dénoué réunit les cordons.

Ainsi chante un poète aimé des dieux farouches,
Et qui, comme Janus, possède plusieurs bouches.

DAS HUNDEBELLN IST NAH ...

Das Hundebelln ist nah und fern das Hahnenkrähen.
Boshaftes Land, darin kann man dein Wesen sehen.
Doch morgen ändert der April der Dinge Lauf,
Er zieht an Obstmastbäumen Atlassegel auf,
Mit gleichem Schwefel stäubt er Schmetterling und Rebe,
Sorgt für die Erde und daß es mehr Sonne gäbe,
Hummeln ein Rausch vom Wein der Rose übermannt,
Und knüpft aufs neue das zerrißne Liebesband.

So singt ein Dichter, dem die Götter Gunst bezeigen,
Gleich Janus nennt er mehr als einen Mund sein eigen.

LE POÈTE DE TRENTE ANS

Me voici maintenant au milieu de mon âge,
Je me tiens à cheval sur ma belle maison;
Des deux côtés je vois le même paysage,
Mais il n'est pas vêtu de la même saison.

Ici la terre rouge est de vigne encornée
Comme un jeune chevreuil. Le linge suspendu,
De rires, de signaux, accueille la journée;
Là se montre l'hiver et l'honneur qui m'est dû.

Je veux bien, tu me dis encore que tu m'aimes,
Vénus. Si je n'avais pourtant parlé de toi,
Si ma maison n'était faite avec mes poèmes,
Je sentirais le vide et tomberais du toit.

DER DICHTER VON DREISSIG JAHREN

Da bin ich also nun inmitten meiner Jahre
Und sitze rittlings hoch auf meinem schönen Haus;
Was ich dort beiderseits an Landschaften gewahre,
Ist ähnlich, zeichnet sich durch andres Kleid nur aus.

Hier Lehmrot mit Gehörn von Weinbergen versehen,
Dem jungen Rehbock gleich. Die Wäsche schaukelt sacht,
Ihr Lachen, Winken grüßt den Tag, der im Entstehen;
Dort Winterzeit und Ruhm, der mir einst zugedacht.

Noch, Venus, sagst du mir, du liebst mich, zugegeben.
Doch gälte jedes Wort, das ich gesprochen hab,
Nicht dir, würd nicht mein Haus von meinen Versen leben,
Ich fühlte Leere nur und fiel vom Dach hinab.

NOCTURNE

Rose en hiver ailleurs partie
Dites où vous avez été.
L'Europe aux couleurs assorties
Change la place des étés.

La rose, dont souvent je parle,
Orne avec l'ancre et le pompon,
Vénus faite comme une perle
Et pliant toujours ses jupons.

Ce compromis de chair, d'écume,
Forme les plus étranges nœuds
Entre les poissons épineux
Et, Vénus, vos ramiers de plume.

Dans le bocage de mes os,
Dans l'arbre bleu de mes artères,
Mêlez-vous, fleurs, poissons, oiseaux,
Si mal réunis sur la terre.

NOCTURNE

Rose, vorm Winter geflohen,
Wo nahmt Ihr Euer Exil?
Europa verrückt den Thron
Des Sommers in farbigem Spiel.

Die Rose, die ich häufig zitiere,
Schmückt Venus mit Anker und Knauf,
Die Muschelentstiegene schlägt ihre
Dessous ineinander und auf.

Jener Kompromiß aus Fleisch und Schaum
Zeitigt Verbindungen zwischen
Den stacheltragenden Fischen
Und Euren Tauben, Venus, aus Flaum.

Blumen, Fische und Vögel, befangen
In irdischer Trennung, vermählt
Euch im Holz meiner Knochen, von langen
Arterien des Blaubaums durchstrählt.

Aus dem Französischen übersetzt von Jürgen Rennert.

SOUVENIR DE NAPLES

Le Paradis, tombant, s'était cassé dans l'ombre.
Les coups de pistolet, d'où naissent les colombes,
Faisaient mille marins s'envoler des vaisseaux,
Pour chercher, à tâtons, ses chiffres, ses morceaux.

On accrochait partout des balcons, des échelles;
Les femmes, n'ayant rien à se mettre sur elles,
Appelaient au secours de leur lit aux pieds d'or.
Les matelots entraient et changeaient le décor.

Une morte, riant dans son cercueil de verre,
Conduisait les chevaux de son char, ventre à terre;
(Ce char appartenait au marchand de coco)
C'était Herculanum, Pompéï, Jéricho.

Je n'ai jamais rien vu de plus fou sur la terre.

ERINNERUNG AN NEAPEL

Das Paradies zersprang bei seinem Sturz im Schatten.
Pistolenschüsse, die Tauben verbreitet hatten,
Ließen Matrosen tausendfach von Schiffen gehn,
Nach seinen Splittern, seinen Chiffren auszuspähn.

Mit Leitern wurden die Balkons ringsum erstiegen;
Die Frauen, splitternackt, schrien von ihren Liegen
Mit Messingfüßen noch um Hilfe laut und wild.
Matrosen traten ein und änderten das Bild.

Ein totes Weib im Sarg aus Glas, bespannt mit Pferden,
(Ihr Karrn glich jenen, die beim Markt verwendet werden),
Lachte aus vollem Hals und trieb zur Eile so
Herculaneum an, Pompeji, Jericho.

Ich sah, weiß Gott, wohl nie Verrückteres auf Erden.

L'ENDROIT ET L'ENVERS

Je vois la mort en bas, du haut de ce bel âge
Où je me trouve, hélas! au milieu du voyage;
La jeunesse me quitte et j'ai son coup reçu.
Elle emporte en riant ma couronne de roses;
Mort, à l'envers de nous vivante, tu composes
La trame de notre tissu.

Nous ne pouvons te voir et te sentons mêlée
Aux plaisirs, à l'amour dont la chaleur ailée
Fait les cœurs les plus durs, comme neige dissous;
Bien que tes habitants reposassent dans l'herbe,
Nous marchions sans souci sur l'étoffe superbe,
Et, soudain, nous sommes dessous.

Nous sommes tellement proches la douce vie
Qu'à peine par la mort elle nous est ravie,
Elle ouvre le passage et nous lâche la main.
Quelquefois nous cherchons à vaincre le mystère,
Par le même chemin revenir sur la terre:
Il n'existe plus de chemin.

Vivants nous avons beau, toute notre existence,
De la terre au soleil mesurer la distance
Et pour ne point mourir faire nombre d'apprêts;
Nous lisons un côté de la page du livre;
L'autre nous est caché. Nous ne pouvons plus suivre,
Savoir ce qui se passe après.

DAS DIESSEITS UND DAS JENSEITS

Die Tödin wartet schon, vom Hoch der besten Jahre
Herab seh ich sie stehn, wie ich die Zeit durchfahre;
Die Jugend flieht mich, ich hab ihren Teil verbracht.
Die Rosenkrone hat sie lachend mir entrissen;
Du Tödin, unter uns lebendig, webst beflissen
Am Tuch, das uns zugedacht.

Wir können dich nicht sehn und fühlen dich enthalten
In den Vergnügen, in der Liebe Glutgewalten,
Die auch ein Herz aus Stein wie Schnee zerschmilzt im Nu.
Die Gräser, die sich sacht um deine Schläfer breiten,
Sind wunderbarer Stoff, den sorglos wir beschreiten,
Und plötzlich deckt er uns zu.

Dem süßen Leben sind so innig wir verbunden,
Daß es uns nur mit Müh im Tode wird entwunden;
Es öffnet uns das Tor, entzieht uns seine Hand ...
Oft wolln wir gegen das Mysterium aufbegehren
Und auf dem gleichen Weg zurück zur Erde kehren,
Doch siehe: Der Weg verschwand.

Vergebens ist es, daß wir unser ganzes Leben
Die Strecke Erde – Sonne auszumessen streben,
Und was man nur, um nicht zu sterben, sonst ersann;
So lesen wir im Buch und können doch nicht enden,
Denn es gelingt uns nicht, die Seite umzuwenden,
Um zu erfahrn – was kommt dann?

Je vois la mer trop courte et qui toujours enlève
A la grève un baiser pour baiser l'autre grève;
La menteuse fort bien arrange ses instants.
Bientôt l'imitera ma maîtresse fidèle,
Cherchant ailleurs Avril, ainsi que l'hirondelle.
Hélas! je vais avoir trente ans.

Trente ans! Vous moquez-vous? C'est la grâce des marbres,
Le soleil de midi qui tombe sur les arbres,
Votre pas de trente ans est votre premier pas.
Jusqu'alors vous étiez une folle semaille;
Vous allez . . . Taisez-vous. Regardez-moi. Je bâille.
Je ne vous écouterai pas.

Je ne veux mensonger avec ce qui me joue,
La rose de mon cœur ses pétales dénoue,
Et, même si je dois vivre longtemps encor,
Qu'importent le soleil et les marbres de Grèce;
Jusqu'ici j'apprenais la vie; elle me blesse.
Il me faut apprendre la mort.

Car votre auberge, ô mort, ne porte aucune enseigne.
J'y voudrais voir, de loin, un beau cygne qui saigne
Et chante, cependant que lui tordez le cou.
Ainsi je connaîtrais ce dont je ne me doute:
L'endroit où le sommeil interrompra ma route,
Et s'il me faut marcher beaucoup.

Certes, vous vous couchez comme un ange de neige,
Plus que le bronze lourd, plus léger que le liège,
Sur l'amant dont le spasme enfin vous réjouit;

Ich schau die kurze See, stets eilt sie zu den Stränden,
Flink küßt sie diesen, um sich jenem zuzuwenden;
Die Lügnerin, sie plant sich ihre Zeit gut ein.
Meine Geliebte treibt bald ähnliches Verlangen
Hinaus, um schwalbengleich den Frühling einzufangen.
Ach, bald werd ich dreißig sein!

Du scherzt wohl! Dreißig Jahr! Das ist wie Marmorträume,
Wie Mittagssonnenlicht auf dem Geäst der Bäume,
Der Schritt mit dreißig ist der erste, den du setzt.
Ein wildes Samenkorn warst du bislang, nun lebe;
Du wirst... Ach sei schon still! Ich gähne, seht, und gebe
Nichts mehr auf das, was ihr schwätzt.

Nicht falsch sein will ich dem, was mich zu Spott und Scherzen
Mißbraucht, und so verblüht die Rose mir im Herzen,
Selbst wenn mein Leben lang noch währt, wem tuen not
Die Sonne Griechenlands mit ihren Marmorschätzen?
Das Leben kenn ich nun; es sucht mich zu verletzen.
Aber was weiß ich vom Tod?

Denn Euer Herbergshof, o Tödin, trägt kein Zeichen,
Sein Wappentier müßt einem Schwan im Blute gleichen,
Der singt, wenn ihr dabei, den Hals ihm umzudrehn.
So würde mir, was ich nicht ahnen kann, verkündet:
Der Ort, an dem mein Weg hart in den Schlaf einmündet,
Und ob es noch weit zu gehn.

Ein Engelsweib aus Schnee, so bettet Ihr Euch nieder,
Schwerer als Bronze, leicht wie Kork sind Eure Glieder,
Auf den Geliebten, dem Ihr Euch im Krampf vereint,

Sous votre feu glacé la chair se fait statue,
Mais, à la longue, il faut, mort, que je m'habitue
A vous recevoir dans mon lit.

Votre désir ne sait ni l'âge ni le sexe,
Nul d'entre les plus beaux que votre dédain vexe;
Malgré tout, votre amour attire les amants.
Votre baiser, parfois, d'une honte les venge,
Ou bien vous vous couchez entre les deux, bel ange,
Pour d'obscurs assouvissements.

Mieux que Vénus, ô mort, vous habitez nos couches,
Vous arrêtez nos cœurs, vous tourmentez nos bouches,
Vous nous fermez les yeux et vous nous rendez sourd.
Vous donnez à Vénus un visage ordinaire,
Car, jusqu'à maintenant où je crains de vous plaire,
J'avais peur ainsi de l'amour.

Rivale de Vénus, qu'on me roule et me couse
A jamais dans les draps où votre ange m'épouse;
Qu'il ne me quitte plus, je suis un fils de roi.
Et, qu'à l'envers couché, sentant son aile contre,
Il me parle de vous, mais jamais ne me montre
Tout ce que je laisse à l'endroit.

In Fieberfrösten, die zur Statue ihn lähmen;
Einst schick ich mich darein, Euch Tödin, aufzunehmen,
Wenn Ihr mir im Bett erscheint.

Die Gier läßt Euch nicht nach Geschlecht und Alter fragen,
Und selbst die Schönsten mögt Ihr Euch nicht unterschlagen,
Mit Liebe lockt Ihr auch die Liebenden herbei.
So hilft wohl Euer Kuß, sich einer Schmach zu wehren,
Oder Ihr legt Euch gar in finsterem Begehren,
Mein Engel, zwischen die zwei.

Mehr noch als Venus haust Ihr, Tödin, in den Kissen,
Macht stocken uns das Herz, die Lippen so zerbissen,
Die Ohren taub, schließt uns die Augen mit der Hand.
In Venus' Antlitz bringt Ihr allen Reiz zum Schwinden,
Ich hab die Furcht, Ihr könnt an mir Gefallen finden
Nur vor der Liebe gekannt.

Venus' Rivalin, man näh mich ins Bett zu zweien
Mit jenem Engel, den Ihr ausschickt, mich zu freien,
Daß er mich nie verläßt. Ich bin ein Königskind.
Im Jenseits soll er mich umschmiegen mit den Schwingen
Und nur von euch erzähln, doch niemals von den Dingen
Die diesseits geblieben sind.

25
Ce diamant dur je suis ~ Qui ne se

Aus

ALLEGORIES

(1941)

ALLEGORIEN

CHERCHEZ APOLLON

à Natalie.

L'instrument d'Apollon! Les colonnes du temple
Seraient-elles plusieurs cordes pétrifiées
Par la foudre, ou par un sortilège des *simples?*
(Herbes dont la vertu prête à se méfier.)

Sur la vertu de l'herbe interrogez l'oracle.
Sa bouche d'ombre imite un bâillement de fleur
Dont la gorge à points blancs que du feu rose racle
Laisse entendre une voix lointaine de souffleur.

Le bâillement de cette gorge d'orchidée
Sauvage (le poète est aussi médecin)
Délivre le pollen d'une petite idée,
Faisant la mère inceste et le fils assassin.

Dimanche. Un coup de feu déchire les régates
En mille papiers blancs sur le fleuve: un dieu meurt.
Son sang ressemble au lait des veines de l'agate,
Et, ronde, sa blessure, aux lèvres du fumeur.

Au cirque, le filet des princes du trapèze
Leur donne une démarche en l'air de morts récents
Encore habitués au poids rouge du sang;
Membres lourds dont plus un ne se pose, ne pèse...

L'express hurle, entraînant des grappes de sommeil.
Les horloges, les chiens, les coqs de l'insomnie,

SUCHT APOLLON!

für Natalie

Apollons Instrument! Säulen der Tempelhallen,
Sind sie nicht Saiten, glatt versteint, weil eingehaun
Der Blitz oder weil sie dem Bann des Krauts verfallen?
(Gräser von einer Kraft, der besser wir mißtraun.)

Fragt das Orakel nach der Wirkung dieses Krautes.
Sein Schattenmaul steht auf, ein Blumenkelch, der gähnt;
Der weißgetupfte Schlund, der rosig aufgerauht ist,
Läßt fern ein Raunen hörn, das man souffliert fast wähnt.

Das Gähnen dieses Schlunds der wilden Orchidee
(Der Dichter ist auch Arzt) weht ihren Pollen fort,
So treibt der Blütenstaub, die winzige Idee,
Die Mutter zum Inzest und ihren Sohn zum Mord.

Ein Feuerstoß zerfetzt, am Sonntag, die Regatten
In tausend Schnipsel auf dem Strome: Ein Gott fand
Sein Ende. Und sein Blut gleicht Milchblut in Achaten,
Das Einschußloch ist rund mit rauchgeschwärztem Rand.

Die Prinzen vom Trapez der Zirkuskuppel fliegen
Ins Netz und wippen dort, Verstorbnen gleich, umher,
Denen das Blutgewicht vertraut noch ist und schwer
Die Glieder sind, die sich nicht rühren und nichts wiegen . . .

Der Eilzug heult, dem Schlaf die Trauben zu entreißen.
Die Uhren, Hunde, die Hähne durchwachter Nacht,

Le rêve illuminé d'un funeste soleil,
Veulent nous obscurcir ce rébus de génie:

Apollon démoli par la foudre et qui ne
Veut pas tomber et tombe et dans sa folle rage,
Fait de sa chute habile un temple ruineux,
Une autre majesté sans nom et sans visage.

N'oublions pas cet air de berger foudroyé
Que composent la lune et les manches de veste,
Lorsque l'épouvantail, le pendu, le noyé
Invectivent la mort avec le méme geste.

Quelquefois on découvre au bout d'un projecteur
Le calme solennel d'une route qui tue,
La vitesse aussitôt transformée en statue,
Les cris silencieux poussés par les acteurs.

Le sommeil, avec goût, disloque ses poupées;
De leurs bras engourdis indolemment drapées,
Elles, sans se mouvoir, nagent indolemment,
A la surface d'un immobile élément.

Autre est l'épouvantail que la mort articule;
Il appelle au secours les corbeaux inhumains,
Et, vers l'ombre du puits où son geste bascule,
Coule à pic entraîné par le poids de sa main.

Je pense aux jeunes gens tourmentés par leur âge
Et par la poésie. Ils dorment seuls, en haut
Des maisons, et, parfois, mal réveillés, en nage,
Rafraîchissent la nuit leur fièvre au pot à eau.

Die dunklen Sonnenstrahln, die grell den Traum begleißen,
Verhülln den Rebus uns, der so genial erdacht:

Apollon, blitzgefällt, will nicht zu Boden gehn,
Läßt, als er dennoch stürzt, in zornigem Verlangen
Vom Tempel weiter nichts als die Ruinen stehn,
Gesichtslos, namenlos, in neuartigem Prangen.

Der blitzgetroffne Hirt aus Mond und Rock wird lang
Uns im Gedächtnis sein, weil wir ihn vor uns sehen,
Wenn so ein Vogelschreck, wenn einer der ertrank,
Gehenkte auch, den Tod mit gleicher Geste schmähen.

Folgt man dem Strahlerlicht, entdeckt man oft dabei
Die Stille eines Wegs, der hinführt ins Gefilde
Des Todes, Schnelligkeit, erstarrt zum Marmorbilde,
Den von den Schauspielern stumm ausgestoßnen Schrei.

Die Puppen sucht der Schlaf genüßlich zu zerpflücken,
Sein sind sie, die sich lasch mit trägen Armen schmücken,
Voll Gleichmut treiben sie und gänzlich unbewegt
Auf einem Medium, das sich ebenfalls nicht regt.

Anders der Vogelschreck, der sich, vom Tod umgaukelt,
An unmenschliche Krähn mit Hilferuf gewandt;
Im Schwarz des Brunnens, auf dem seine Geste schaukelt,
Versinkt er wie ein Stein durch seine schwere Hand.

Ich denk an Männer, jung, gequält von ihrem Alter
Und von der Poesie. Sie ruhn allein im Haus,
Hoch oben. Nachts erwacht, löschen sie dann mit kalter
Blechschüsseln Guß den Schweiß der Fieberträume aus.

Rois morts les yeux ouverts et costumés de boîtes,
Que dit le sphinx? *«Le grec ne se doutait de rien.»*
Giboulée au soleil d'automne, sa main droite
Brandissait haut le frais grillage aérien.

Théâtral, relevant du coude une farouche
Draperie, Apollon, bouclé d'or, de profil.
(On dirait un cheval qui se cabre: la bouche,
Et l'œil, soleil obscur, rayonnement de cils!)

Bref on voit le chanteur derrière les cordages
De l'instrument orné mieux que proue et château
De poupe. On voit du vent qui roule des nuages,
Et la lyre pencher, vibrer, comme un bateau.

Soudain c'est le cyclone inattendu, la foudre,
La lutte que j'ai dite; Apollon stupéfait,
Cherchant à ne se point laisser réduire en poudre,
Tirant de son désastre un maximum d'effet.

Jeunes hommes, pieds nus dans le froid des mansardes,
Où donc se cache-t-il le prince du soleil?
Dormez. Peut-être bien que sa face hagarde
Éclaire, après sa mort, les drames du sommeil.

Peut-être l'arc-en-ciel qui colore les bulles
A-t-il moins de richesse et de fragilité
Que l'énigme guidant les pieds du somnambule
Le long des toits en pente au bord de la cité.

Die toten Herrscher starrn vermummt aus Sarkophagen,
»Dem Griechen«, sagt die Sphinx, »war nichts davon bekannt.«
Wie Frostschauer im Herbst das Sonnenlicht durchschlagen,
Schwang er den kühlen Rost mit seiner rechten Hand.

Mit Ellenbogen wirft Apoll sein Kleid in Falten,
Recht theatralisch, goldgelockt und im Profil.
(Der Mund mahnt an ein Pferd, aufbäumend, nicht zu halten;
Das Auge, dunkler Stern, ein Wimpernstrahlenspiel!)

Kurzum, der Sänger steht am Tauwerk seiner Saiten,
Das Instrument wie Bug- und Heckkastell verziert.
Man sieht ihn wie den Wind, auf dem die Wolken gleiten,
Die Lyra, die sich neigt und wie ein Schiff vibriert.

Dann plötzlich, ungeahnt, naht der Zyklon, ein Blitzen,
Der Kampf, von dem ich sprach, Apollon sucht, verschreckt,
Sich vor der Macht, die ihn zermalmen will, zu schützen,
Holt aus dem Unheil noch ein Höchstmaß an Effekt.

Ihr jungen Männer, barfuß, in Mansardenkälte,
Wo hat der Sonnenprinz sich wohl versteckt? Schlaft ein!
Vielleicht beleuchtet sein Gesicht, das furchtentstellte,
Des Schlafes Dramen noch im Tod mit mildem Schein.

Der Regenbogen, der auf Seifenblasen breitet
Sein Farbspiel, ist vielleicht nicht ganz so zart und satt
Wie das Geheimnis, das den Somnambulen leitet
Auf seinem Marsche dicht am Dachabgrund der Stadt.

L'épilogue serait un entrelacs de lierre
Figurant, au poitrail d'on ne sait quels chevaux,
Le système veineux d'un quadrige de pierre.

SOLUTION

Un dieu vaincu, de l'homme imite les travaux.

Var (1931–1932)

Der Epilog wird sein, daß dichte Efeuschlingen
Auf Pferde ohne Herrn, bis hoch zur Brust, gemach,
Das grüne Adernnetz der Steinquadrigen bringen.

AUFLÖSUNG

Sieht sich ein Gott besiegt, ahmt er den Menschen nach.

Aus

NEIGES

(1947)

SCHNEE

UN CORPS VIVANT...

Un corps vivant. Je n'ai pas
De corps (c'est le genre du vent
Qui démolit nos décors).
Je n'ai que le bruit de mes pas.

Un corps vivant? Où l'aurais-je,
Grand Dieu? Ce n'est pas ici
Où le bruit des pas craque dans la neige.
Pas non plus ailleurs. Alors?

Vous qui me voyez dans vos rues
Surtout ne le dites pas.
Je ne serais pas apparu
Sans être dénoncé par le bruit de mes pas.

EIN LEIBHAFTIGER KÖRPER ...?

Ein leibhaftiger Körper. Ich habe – bitte –
Keinen Körper (das kommt von der Art
Des Windes, der unser Dekor demoliert).
Ich habe nur das Geräusch meiner Schritte.

Ein leibhaftiger Körper? Wo werde ich den,
Großer Gott, haben? Nicht hier,
Wo krachend im Schnee die Schritte vergehen,
Und auch nicht anderswo, nirgends. Doch dann?

Ihr, die ihr mich in euren Straßen schaut,
Sagt nichts davon, so als sei nichts passiert.
Wäre ich erschienen, hätte der Laut
Meiner Schritte mich denunziert.

Aus dem Französischen übersetzt von Jürgen Rennert.

Aus

LE CHIFFRE SEPT

(1952)

DIE ZAHL SIEBEN

La mer brassait un sang bleu peuplé de microbes
Effroyables (plaisir du pêcheurs sous-marin).
Cette folle pliait et dépliait ses robes,
Bavait, se flagellait les fesses et les reins.

Elle se dénudait, dégrafait ses étoiles
De viande crue et les lançait au bord d'un lit
Où le linge en désordre et les fauteuils de toile
Dérangent le voisin du volume qu'il lit.

Il se soulève. Il voit s'énerver les persiennes
Qui grincent et la folle érotique à côté,
Sauter du lit, hurler, ouvrir grandes les siennes,
Afin que la tempête insulte sa beauté.

Les arbres, les balcons, les mouettes, les navires,
Dansent en son honneur. Car folle de son corps,
(Qu'importe le spectacle et si d'autres le virent)
Elle court sur la plage et roule dans les ports.

La police trouve à hôtel les chambres vides,
    Les meubles sens dessus dessous.
    Et pourqoui demander leur aide
    A des hommes à moitié saouls?

Die See quirlt blaues Blut, drin wimmeln, mißgestaltet,
Mikroben (und das stimmt die Tiefseefischer froh).
Die Irre, die ihr Kleid entrollt und wieder faltet,
Sie schäumt und geißelt sich die Lenden und den Po.

Sie streift die Hüllen ab, hakt ihre Ordenssterne
Aus nacktem Fleisch heraus, wirft sie zum Bettesrand;
Die Wäsche, dort verstreut, die Stoffsessel, nicht ferne,
Störn selbst den Nachbarn bei dem Buch in seiner Hand.

Die Läden knarren, bis sie den Verstand verlieren –
Wie die erotische Verrückte nebenan,
Sie springt vom Bett auf, heult und öffnet weit die ihren,
Damit der Sturmwind ihr die Schönheit schänden kann.

Die Bäume, die Balkons, die Möwen, Schiffe drehn
Im Tanz sich, ihr zu Ehrn. In ihrem Närrischsein
(Was kümmert es sie schon, ob sie die andren sehn)
Läuft sie den Strand entlang und kehrt in Häfen ein.

Wenn Polizisten dann die Stundenzimmer sichten,
Liegen die Möbel kreuz und quer.
Und wozu Hilfsappelle richten
An eine Schar Betrunkener?

Aux estivants réfugiés dans les cabines,
Aux femmes en chemise et criant au secours
A cet enlèvement absurde des Sabines,
A ces sous qui pleuvaient sur le pavé des cours.

C'est en vain qu'on interroge quelques personnes
        Pour savoir qui jetait les sous
Qui cassait les fauteuils, qui claquait les persiennes
        De l'hôtel sens dessus dessous.

A l'aube on retrouva la folle dans sa chambre
En ordre. Elle riait et peignait ses cheveux.
Elle avait retrouvé la place de ses membres.
Elle se refusait à faire des aveux.

An Sommerfrischler, geflohn in die Kabinen,
Frauen im Nachthemd, die laut um Hilfe schrien
Bei diesem so absurden Raub der Sabinen,
Bei den Sous, die ein Regen aufs Pflaster gespien.

Völlig nutzlos wär es gar, fragte man jeden:
 Wer verstreute hier die Sous und wer
Brach die Sessel durch? Wer rüttelte die Läden?
 Im Hotel liegt alles kreuz und quer.

Am Morgen fand man sie im aufgeräumten Zimmer.
Die Irre lachte leis und kämmte sich das Haar,
Die Glieder hübsch am Platz, so daß sie so wie immer,
Nur nicht bereit zu einem Schuldbekenntnis war.

Aus

CLAIR-OBSCUR

(1954)

HELLDUNKEL

PEU M'IMPORTE LA PLUIE...

Peu m'importe la pluie et les vitres d'automne
Que le mistral galope et que la mer moutonne
Je souffre d'une autre saison
Celle qui dans mon corps n'a ni soleil ni pluie
Ni terre sur laquelle une maison s'appuie
Ni refuge d'une maison.

Captif d'un temple obscur dont se cachent les prêtres
Rien ne me donne espoir. Mes yeux sont des fenêtres
Par où je ne peux pas sortir.
Cette religion refuse le miracle
De ses prêtres cachés ma bouche est un oracle
Que la peur oblige à mentir.

DER REGEN IST MIR GLEICH...

Der Regen ist mir gleich, das Herbstlicht in den Scheiben
Das Preschen des Mistrals, das Meer wo Wellen treiben
    Mich schmerzt eine andere Zeit
Die tief in meinem Leib nicht Sonne kennt noch Regen
Noch ein Stück Land auf dem ein Zufluchtsort gelegen
    Kein schützendes Dach weit und breit.

In dunklem Tempel wo die Priester sich verstecken
Hoffnungslos eingesperrt; die Augen, Fensterflecken,
    Durch die mir kein Ausbruch gelingt.
Ja, diese Religion verabscheut das Mirakel
Verborgnen Priestern ist mein Mundwerk ein Orakel
    Dem die Furcht das Lügen aufzwingt.

VASTE

Des murs du vaste était la maison entourée
Et par-dessus le ciel et ses pièges à loups
Et par-dessous allait et venait la marée
Et le vide cachait d'autres hommes que nous.

Soudain la nuit entra de diamants couverte
(Beaucoup de diamants étaient des mondes morts)
Je venais de dormir et dans ma main inerte
Je sentais fourmiller les astres de mon corps.

UNERMESSLICHKEITEN

Von Unermeßlichkeiten war das Haus umgeben
Der Himmel drüber dicht mit Wolfsfallen bedeckt
Unten sah man das Meer sich senken und sich heben
Uns fremde Völker hielt der leere Raum versteckt.

Und plötzlich brach die Nacht herein die Diamanten
(Viele von ihnen noch aus toten Welten) trug
Erwachend spürte ich: In meiner Schlafhand rannten
Die Sterne meines Leibs wie ein Termitenzug.

Aus

LE REQUIEM
(1962)

REQUIEM

VORWORT

Dieser Text, der wie die schlechte Übertragung aus einer Fremdsprache anmutet, jener, die den Dichtern der Herr diktiert, dem sie dienen und der sich in ihnen verbirgt, wurde unmittelbar nach einem ausgedehnten Blutsturz geschrieben. Dieser Blutverlust ließ mir grade noch genug, um zu leben und mich reglos auf dem Fluß der Toten treiben zu lassen.

Auf dem Rücken liegend, mußte ich auf die Zimmerdecke schreiben, so wie Fliegen umherspazieren, und fliegenähnlich waren auch die Tintezeichen, mit deren Hilfe ich mich bemühte, das zu übersetzen, was mir gesagt wurde.

Die Genesung zog sich hin. Während mein Organismus in den Bergen des Engadin mit der Neubildung seiner roten Blutkörperchen beschäftigt war, gedachte ich zu warten, bis meine Kräfte wiedergekehrt wären, um mir so, in gewisser Weise, einen Traum zu erfüllen, den wir alle einmal geträumt haben: morgens, auf unserem Tisch, ein Manuskript zu finden, das man nur noch durchsehen müßte.

Nun, diese Aufgabe hielt eine Überraschung für mich bereit. Ich konnte nicht lesen, was ich geschrieben hatte. Ich stand vor einem kryptographischen Problem, dessen Schwierigkeiten jeden Dechiffrierungsspezialisten entmutigt hätten.

Freunde rieten mir, abzuwarten und das Ganze Personen zu überlassen, die weniger als ich mit dem Problem verhaftet wären, es mithin unvoreingenommener lösen könnten. Ich entschied mich, es zunächst allein zu probieren.

*

Nichts ist bewundernswerter als die Stille in einem Krankenzimmer.

Im Alter von zwanzig Jahren trat ich, nachdem ich ein paar ernste Jugendsünden begangen hatte, in die Dichtung ein, so wie man in einen geistlichen Orden eintritt. Zweifellos ist das der Grund, warum ich einen Titel wählte, der an Mönche gemahnt und häufig von der Kirchenmusik verwandt wird. (...)

*

Ich beharre auf einem Streben nach Offenheit, das mich anhält, nichts zu verändern an Ungeschicklichkeiten, Schwachstellen, Banalitäten, Wiederholungen, Worten an Stellen, wo sie eigentlich nicht zu stehen haben (wie Picasso ein Auge versetzt). Aber überall bemerke ich, trotz der Fehler, die in dieser von Techniken geschwächten Epoche unser eigenständigstes Ausdrucksmittel zu werden drohen, den Mechanismus der Fuge, die instinktive Strenge eines zumeist achtsilbigen Rhythmus und, ohne ersichtlichen Grund, ein paar innere Reime, die oft weit voneinander entfernt stehen, ähnlich den Trompetenstößen und der Wiederkehr des Themas im Brandenburgischen Konzert Nr. 2 in F-Dur, dessen dem Zeitgeschmack gegenüber völlig gleichgültiges Andante verblüfft und die Zuhörer und Musiker von einst sicher verwirren mußte. Es gibt da bei Bach etwas Zeitloses, das nicht, wie bei Mozart, mit dem Stil seiner Epoche in Einklang zu bringen ist. Dieses Solfeggio, das dem des Jazz nahekommt, hat mich stets in meiner Arbeit beeinflußt.

Und, trotz allem, drängte sich meiner Feder auch jenes göttliche Kauderwelsch auf, dessen Syntagmen uns Gón-

gora, Rimbaud und Mallarmé gelehrt haben. Emily Dickinson bemerkte 1845 als erste, wie lächerlich es ist, ein Gedicht zu interpunktieren. Die Satzzeichen verunstalten es (wie Schnurrbärte, die Lausbuben auf Büsten malen) und machen es schwerfällig – für jene geeignet, die unfähig sind, seinen Atem und Herzschlag zu vernehmen. (...)

*

Nicht ohne Melancholie sehe ich mich, wo ich mir scheinbar freien Lauf lasse, eingesperrt in ein Vokabel-Gatter von derartiger Unnachgiebigkeit, daß es leider in keinerlei Fremdsprache übertragen werden kann, obwohl wir doch von allumfassender Verständigung träumen. Eine solche Verständigung kann indes nur über die Vermittlung von *Ideen* erreicht werden. Diese laufen der Poesie zuwider und führen, wenn man sie dafür verwendet, zum schlimmsten aller Lyrismen: dem didaktischen. Zweifelsohne zwingen mich die Kräfte, die mich lenken, selbst wenn ich ihnen zu entrinnen suche, die aussagekräftigsten meiner Worte dieser grammatikalischen Einsamkeit zu unterwerfen. Der wahren, unvermeidbaren Einsamkeit der Dichter.

1959–1961

On m'a offert une rose

Rose à droite de ma couche
Lèvres que le soleil farde
Une exquise et fraîche blessure
Une drôle d'ouverture
Sur les tripes maternelles
Auprès de ma tête de mort
Bouche d'ombre pompant telle
Sa sœur aux nombreuses joues
Son parfum dans les tombeaux
Rose à paroles ni rouge
Ni jaune ni rose ni blanche
Qu'un reste de sang arrose
Au maigre sommet de mon corps
Puis-je comparer nos sondes
Lorsque la légère la lourde
Érige avec impudeur
En haut d'un col épineux
Sa petite bouche profonde

Man hat mir eine Rose überreicht

Rose rechts von meiner Schlafstatt
Lippen die die Sonne aufputzt
Köstliche und frische Wunde
Merkwürdiger Aufschluß zu den
Mütterlichen Eingeweiden
Dicht bei meinem Totenkopf
Schattenmundöffnung so pumpt er
Duft gleich seiner vielwangigen
Schwester aus den Grabestiefen
Rose mit Worten nicht rot
Gelb nicht nicht rosa noch weiß
Wie ein Rest Blut der benetzt
Den dürren Gipfel meines Leibs
Kann ich unsre Sonden vergleichen
Während die Leichte die Schwere
In schamloser Weise aufsperrt
Auf einem dornigen Halse
Ihren kleinen tiefen Mund

Sous un angle étrange la peau
Loin de l'os en pointe se drape
Vers le bas et vers le haut
Bat le nœud fluvial des veines
Bat en berne la chamade
Le tambour des nocturnes grappes
Quel joli chapeau d'églantines
Penché sur l'oreille gauche
Quelle couronne précieuse
Touchant l'épaule mise en pointe
Par l'absence de chemise
Par les câbles de bras en l'air
Avez-vous compris ce mélange
De sueurs de glaires de morves
Et du coin entrouvert des lèvres
Comme d'un œil crevé coule
La fontaine délicieuse
Où se désaltèrent les anges

Seltsam spitzzulaufend legt
Haut sich knochenfern in Falten
Steil nach unten oben schlägt
Diese Flußwindung der Venen
Schlägt auf halbmast das Signal
Der Trommler nächtlicher Trauben
Welch schöner Heckenrosenhut
Übers linke Ohr geschoben
Welch kostbare Krone sie streift
Die hochgezogene Schulter
Die von keinem Hemd bedeckt wird
Am Kabelnetzwerk des Armes
In der Luft habt ihr die Mischung
Aus Schweiß Schleim und Rotz begriffen
Vom halboffnen Mundwinkel rinnt
Wie aus ausgestochnem Auge
Der köstliche Springquell an ihm
Löschen die Engel ihren Durst

Poils humains humides forêts
Ciel obscur par lequel sont reliés mes pores
Noyés aux yeux rêveurs épaves madrépores
En moi-même je disparais
Je croyais vivre et je me trompe
Déjà jusqu'à mon cœur tu déroules ta trompe
Papillon noir orné d'une tête de mort

Menschenfell du feuchter Hain
Düstrer Himmel der vereinigt meine Poren
Strandgut Koralln Ertrunkne blicken traumverloren
Ich verscholl in mir allein
Ich irrte als ich mich für lebend hielt
Dein Rüssel hat schon auf mein Herz gezielt
Du schwarzer Falter mit dem Totenkopfdekor

J'ai seulement dans mes veines
Conservé l'aigre vin que boivent
Les échansons en cachette
Et d'une main étrangère
Je vaticine sur le fleuve
Qui de ses eaux troubles sépare
Le monde des vivants et le monde des morts
Les uns et les autres s'y penchent
Pour reconnaître leur visage
Avant l'interminable nuit
Et de mon encre aussi pâle
Que ce vin coupé de cette eau
Je ne rencontre que signes
Illisibles phrases boiteuses
Et ce soir de Mars je tourne
Autour d'un reste d'obélisque
Morte sous un voile d'or
Constellé d'hiéroglyphes

Ich hab in meinen Venen nur
Den sauren Wein gehortet welchen
Die Mundschenks im geheimen trinken
Und aus einer fremden Hand
Sag ich auf dem Strome wahr
Der mit seinen trüben Wassern
Die Welt der Lebenden von der der Toten scheidet
Neigen sich die einen wie die andren
Doch zu ihm ihr Antlitz zu erkennen
Vor der Nacht die nie zu Ende geht
Und ich stoße nur auf Zeichen
Sätze holprig nicht zu lesen
Meiner Tinte bleich wie dieser
Wein gestreckt mit jenem Wasser
An so einem Märzabend umkreise
Ich die Reste eines Obelisken
Tod unter goldenem Schleier
Von Hieroglyphen bestirnt

Le clair de lune ayant posé ses sentinelles
Donnait le mot de passe à chacune d'entre elles
Et l'on voyait au loin par les créneaux des tours
Hélène s'affubler de ses riches atours
C'est alors d'un cheval de bois au ventre fée
Que descendit la mort en tueurs attifée
Et la froide Pallas qui jamais ne s'assoit
Coupait en deux le ciel de soie
Ouvrait et fermait ses ciseaux
Et remplissait le soir d'un ouragan d'oiseaux

Der Mondschein stellte seine Wachposten ins Rund
Dann tat er jedem noch die Losungsworte kund
Und in der Ferne durch die Turmschießscharten sah
Beim reichen Putz man stehn die Schöne Helena
Aus eines Holzpferds Feenbauche stieg nun er
Der Tod mit Pracht herausstaffiert als Mörderheer
Die sich nie setzt die kalte Pallas schnitt dabei
Den seidenen Himmel entzwei
Klappte die Schere auf und zu
Und schon zerriß ein Vogelsturm die Abendruh

Entre les barbelés coupés de miradors
Tombait mollement la neige chinoise
Et le grand lac bleu nommé Koukou Nor
Ignorait la France et ma Seine-et-Oise
J'y cherchais le sommeil comme les chercheurs d'or
Car libre enfin se croit un prisonnier qui dort

Je me suis décollé de toi colle presque
Exquise de mon refuge
Non loin des lieux où mon sang devint fresques
Mais loin du tribunal des juges

J'ai dormi j'ai rêvé j'ai lu
Peu à peu libre en ma cellule
Mouche j'aimais mon miel oiseau j'aimais ma glu
Ma vibrante immobilité de libellule

Voici le nouveau masque adopté par mon piège
L'ennemi revêtu des armes de l'ami
Le plomb accroché sous le liège
Ma bouteille vide à demi

Serait-ce à votre droite assise séquestrée
Perséphone inclinant la tige du pavot
Et son lait allégeant la moelle de mes os

De ma chambre un dragon interdisait l'entrée

Durch das von Wachtürmen zerhackte Drahtverhau
Fiel chinesischer Schnee weich wie Watte ins Gras
Und diesem Kukunor dem See so groß und blau
War Frankreich völlig fremd und auch mein Seine-et-Oise
Wie Schürfende das Gold sucht ich dort Müdigkeit
Ein Häftling welcher schläft wähnt endlich sich befreit

Ich löste vom Leime mich köstlich ersonnen
Von dir meinem Zufluchtsort
Plätzen nah wo mein Blut zu Fresken geronnen
Doch weit weit vom Strafgericht fort

Ich habe geschlafen ich träumte ich las
Allmählich freier hier in meiner Zelle
Mocht Vogel meinen Leim Fliege mein Honigglas
Mein unbewegtes Schwirrn einer Libelle

Solch neue Maske hat mein Fallstrick angenommen
Mit Freundeswaffen geht der Feind ab nun bewehrt
Blei ist mit dem Korken gekommen
Meine Flasche zur Hälfte geleert

Sitzt euch zur Rechten nicht und ebenfalls gefangen
Persephone wie sie den Schlafmohnstengel neigt
Bis seine Milch mir leicht ins Knochenmark aufsteigt

Ein Drache läßt keinen in mein Zimmer gelangen

TROISIÈME PÉRIODE

Alors me prenant par la main
Son beau visage d'albâtre
Éclairé par l'intérieur
Il me dit Je serai ton guide
Laisse-toi conduire quelles
Que soient Jean les surprises
De notre parcours quel que soit
Le phénomène auquel tu participes
Car ce voyage ne ressemble
A nul autre et neufs seront
Le chemin et le véhicule

Je vis alors une presque
Intolérable splendeur
Et que de profil son ombre
Contre la muraille portée
En manière de fresque
Par ma lampe figurait
D'un bel infirme la bosse

Chaque chose aura son tour
Dit-il l'art est une fontaine
Pétrifiante l'homme y plonge
Rêves confuses pensées
Et durs objets il en sort

Laisse couler de ta bouche
D'un ectoplasme la boue

DRITTE PERIODE

So nimmt er mich denn bei der Hand
Sein Alabastergesicht
Das schöne von innen erhellt
Er sagt mir Ich werd dein Geleiter
Jean lasse dich führen zu den
Überraschungen unseres Ausflugs
Welcher Art sie auch seien welcher Art
Die Erscheinung sei an der du teilhast
Denn diese Reise ähnelt
Keiner anderen neu werden dir
Der Weg sein und das Gefährt

Da sah ich einen beinahe
Nicht mehr zu ertragenden Glanz
Und daß sein Schattenprofil
Von meiner Lampe als Freske
Gegen die Mauer geworfen
Den hochaufragenden Buckel
Eines Verwachsenen formte

Jedes Ding kommt an die Reihe
Sagt er versteinernder Springquell
Ist die Kunst dorthinein taucht der Mensch
Träume verworrne Gedanken
Verfestigtes Gut tritt heraus

Laß rinnen von deinem Munde
Den ektoplasmatischen Schlamm

Y sculpteront tes mains lointaines
Surprenantes effigies
Mais ceci c'est pour ton retour

Abaissant mon regard j'aperçus
Que vivait le bas de sa robe
Ainsi que du lait oublié
Sur le feu pâle de colère
Saute par-dessus la bassine
Et par les femmes battue
Eau d'un lavoir drapait autour
Des calmes orteils de mon guide
Une étoffe sans en être une
On eût dit que de cette écume
Anadyomène il naissait
Surgissant droit cierge ou lys
Caparaçonné d'une vague

*

Des rougeoles des scarlatines
Peut-être venu lorsque sourde
A plat ventre les poings aux joues
Une enfance qui ne joue
Dévore un Doré doré
Sur tranche dont l'aile imprudente
La dépose au bord des gouffres
Où se penchent Dante et Virgile
Sous leurs chapeaux de lauriers

*

Aus dem deine Hände von fern
Erstaunliche Bildwerke formen
Doch das mag beim Rückweg geschehn

Ich senkte den Blick und gewahrte
Den Saum seiner Robe er lebte
So wie vergessene Milch
Auf dem Herdfeuer sich zornesbleich
Übers Behältnis ergießt
Und umschlang wie das von den Frauen
Gepeitschte Wasser im Waschhaus
Die ruhigen Zehn meines Führers
Ein Stoff ohne stofflich zu sein
Als wäre er gleichfalls entstiegen
Anadyomenes Schaum
So gerade wie Kerze und Lilie
Von einer Woge bedeckt

*

Masern und Scharlachfieber
Gekommen vielleicht als versunken
Bäuchlings und die Fäuste an den Wangen
Ein kleines Kind das nicht spielte
Einen Doré mit Goldschnitt verschlang
Dessen unvorsichtiger Flügel
Es zum Rand der Abgründe trug
Wo sich Dante und Vergil
Unter ihren Lorbeerkränzen beugten

*

Or à ma gauche sans davantage
S'émouvoir que les avaleurs
De sabres ou bien hérissées
D'un oursin de couteaux les Vierges
Espagnoles soudain nous vîmes
Du tir d'arcs célestes la haute
Créature surnaturelle
Devenir la cible insensible

*

Graves sentinelles de l'île
De Pâques et vous monstres
Délicieux Gorgone au cou
Tranché donnant à Pégase
Naissance vous fils bâtard
A mufle et à cornes captif
Du roi Minos vous sirènes
A cheveux d'algue toi Picasso
Qui tendrement défigures
L'humain visage vous baraque
Des phénomènes de foire où
Le laid sur le beau l'emporte
Inclinez-vous car mon guide
Et non pas par une grecque
Décadence prise pour
La divine perfection
Dépassait de sa seule grâce
Animale cette splendeur
Hideuse des cataclysmes

*

Nun zu meiner Linken ohne sich
Mehr als Säbelschlucker zu erregen
Oder wohlbewehrt mit einem
Seeigel von Dornen die spanischen
Jungfrauen sahen wir plötzlich
Das hohe übernatürliche Geschöpf
Den himmlischen Bogenschützen zum
Unempfindlichen Ziel werden

*

Strenge Wachposten der Oster-
Insel und ihr lieblichen
Monster Gorgone mit
Durchschnittnem Hals der Pegasus
Zum Licht verhalf Ihr Wechselbalg
Mit Stiergesicht und Hörnern eingesperrt
Von König Minos ihr Sirenen mit
Den Algenhaaren du Picasso der
Du auf so sanfte Art entstellst
Das Menschenantlitz und ihr Schaubaracken
Des Jahrmarkts wo das Häßliche
Über das Schöne triumphiert
Verneigt euch nun denn mein Geleiter
Und nicht heraus aus griechischer
Entartung die gehalten für
Die göttliche Vollkommenheit
Einzig mit seiner animalischen
Anmut überstrahlte er
Den widerlichen Glanz der Kataklysmen

*

Ainsi qu'un malade en proie
Au sommeil de l'anesthésie
Croit être encore en un monde
Qu'il vient de perdre j'entendais
Des questions et des réponses
Étrangères à mon corps
Et je ne sais quoi d'éternel
Me dire et redire à l'oreille
Ne t'étonne pas d'une course
Faite d'immobilité

*

A ma grande surprise vîmes
Piétons et cyclistes moqueurs
Criant *Alors quoi tu gamberges*
Passer au travers de cette
Vivante effigie et sur eux
Peut-être moi seul au bord
D'un refuge moires mobiles
Bougeaient se déformaient pareilles
Aux jeux jadis sur le plafond
De ma chambre à l'hôtel d'un port
De la Méditerranée

*

Mais que se passait-il je vis
Autour de nous une jungle
De meubles se mettre à grandir
Pieds de tables et de chaises

So wie ein Kranker verfallen
Dem Tiefschlaf der Anästhesie
Noch auf einer Welt glaubt zu weilen
Die er vor kurzem verließ
Hörte Fragen und Antworten ich
Die fremdartig mir erschienen
Und etwas ich weiß nicht was raunte
Mir wieder und wieder ins Ohr
Erstaune nicht über ein Rennen
Das reglos vonstatten geht

*

Zu meiner großen Überraschung sahen
Wir Fußgänger und Radfahrer sie schrien
Voll Spott *Worüber grübelst du denn nach*
Dabei durchquerten sie dieses
Lebende Bildnis und über ihnen
Vielleicht ich allein am Rande
Einer Zufluchtsstatt Lichtflecken tanzten
Bebten zerflossen ganz ähnlich
Den Spielen einst an der Decke
Meines Hotelzimmers in einem Hafen
Am Mittelmeer

*

Doch was war das ich erblickte
Um uns herum einen Dschungel
Von Möbeln der unentwegt anwuchs
Beine von Tischen und Stühlen

Inextricablement d'ébène
D'acajou de cuivre vers une
Voûte céleste de plâtre
Racines lianes de cette
Exubérance végétale
Dont je ne voyais que la base
Quatre parois à l'infini
Reculaient et par-dessous
Je pouvais en levant la tête
Voir au-dessus de moi l'envers
Des meubles les ressorts les sangles
Et sous le dôme d'une housse
D'ombre avec crainte nous vîmes
Sous des stalactites de franges
S'allumer six astres cruels
Six soucoupes phosphorescentes
Six bleuâtres lacs de montagne
Six yeux inhumains de fauves
Or en ces fauves de la taille
Majestueuse du Sphinx
D'Égypte je reconnus
Mes trois chattes siamoises

*

Déjà plus haut que mes épaules
Gerbes de laine multicolores
Ondulaient comme blés ou seigles
Et de ma peur riait mon guide
D'un rire me remémorant
Ce tapage extraordinaire

Undurchdringlich aus Ebenholz
Mahagoni und Kupfer vor einem
Gipsernen Himmelsgewölbe
Lianen und Wurzelwerk dieser
Wildwuchernden Vegetation
Von der ich die Basis nur sah
Vier Felshänge hoch aufgereckt
Ins Endlose und darunter
Konnte ich wenn ich den Kopf hob
Über mir die Kehrseite erblicken
Dieser Möbel die Federn und Gurte
Unter der Kuppel eines Überzugs
Aus Schatten sahen wir mit Bangen
Unter Fransenstalaktiten
Sechs grausame Sterne aufleuchten
Sechs phosphoreszierende Untertassen
Sechs blauschimmernde Bergseen
Sechs mordgierige Bestienaugen
Nun in diesen Bestien von dem
Majestätischen Ausmaß der Sphinx
In Ägypten erkannte ich
Meine drei Siamkatzen

*

Schon wuchsen mir über die Schultern
Garben vielfarbiger Wolle
Die wie Weizen oder Roggen wogten
Und das Lachen meines Geleiters
Über meine Furcht erinnerte
An das außergewöhnliche Rauschen

Lorsque mille et mille oiseaux d'Arles
Veulent louer tous à la fois
Le célèbre charmeur de bronze

*

Riait de ma méprise car
De mes chattes et de ma chambre
Ce n'était autour de moi
La croissance incompréhensible
Mais nous en train de décroître
Jusqu'à devenir minuscules
Et lorsque le phénomène
Me fut certitude l'effroi
De disparaître fit battre
Mon cœur la chamade et mon guide
Me donna l'ordre sans la moindre
Politesse de me taire

*

Ne cherche plus me dit-il
A comprendre quel est le terme
Du voyage où je t'accompagne
Empoigne ma robe et tais-toi

*

Tels du Zen les arcs ne visent
Leurs flèches pensant le but
Tel vers un nulle part mon guide

Wenn Tausende Vögel Arles'
Ihr Loblied anstimmen zur gleichen Zeit
Auf den berühmten Bronzezauberer

*

Er lachte meines Irrtums weil
Mein Zimmer meine Katzen waren
Es nicht die rings um mich herum
Auf unbegreifliche Art wuchsen
Wir selber schrumpften zusammen
Herab zu einer Winzigkeit
Und während dieses Phänomen
Mir zur Gewißheit wurde ließ
Das Grauen gänzlich zu verschwinden
Mein Herz wild klopfen mein Geleiter
Gab mir ohne die geringste
Spur von Takt Befehl zu schweigen

*

Such nicht länger zu verstehen
Sprach er das Ziel unsrer Reise
Auf welcher ich dich begleite
Pack meine Robe und sei still

*

Wie des Zen Bogen ihr Ziel nicht
Suchen da die Pfeile es sich denken
Zog mein Führer mich ins Nirgendwo

Sans marcher progresse ma main
Dans sa main grande ni d'homme
Ni de femme ni d'ange ni
De Virgile ni d'aucune
Créature à la ressemblance
Des colosses mythologiques

*

Mais en fin de compte que sais-je
De mon guide et si ne vont
Fondre des soleils inconnus
Sa magnificence de neige
Et en moi lisant son ouïe
Interne il riait que je prisse
Son rire pour des cris d'oiseaux
De ces oiseaux d'Arles qui parlent
Autour de Mistral à tu
Et à toi avec sa statue
De guano constellée
Elle à l'hôtel Nord-Pinus
Tourne le dos en promenade
Immobile sous les platanes
Où bavarde la troupe ailée

*

Lorsque du moins je le suppose
Nous devînmes imperceptibles
La main dans la main apparûmes
J'ignore où moi normal et lui

Ohne auszuschreiten meine Hand in
Seiner großen Hand die keinem Manne
Und auch keiner Frau gehörte weder
Engel noch Vergil noch irgendeiner
Andren Kreatur die ähnlich war
Mythologischen Kolossen

*

Aber was weiß ich im Grunde
Von meinem Geleiter und ob
Unbekannte Sonnen nicht in Bälde
Seine Herrlichkeit aus Schnee zerschmelzen
Und tief in mein Innerstes
Hineinhorchend lachte er
Daß ich sein Lachen für die Vogelschreie
Der Vögel Arles' hielte die Mistral
Plaudernd umschwärmen auf du
Und du mit seiner Statue
Mit Vogelmist bestirnt kehrt sie
Dem Hotel Nord-Pinus den Rücken
Beim unbewegten Spaziergang
Unter den Platanen wo
Die geflügelte Schar munter schwatzt

*

Seit wir zumindest nahm ich das an
Unsichtbar geworden waren
Erschienen wir irgendwo
Hand in Hand ich normalgroß und er

De considérable stature
Il me laissa même entendre
Que pourrions par un prodige
Analogue changer encore
De monde et retrouver ailleurs
Nos apparences relatives
Et toujours sa railleuse bouche
Parlait silencieusement
Et toujours me laissait entendre
Que sa redoutable beauté
N'était qu'une illusion
Construite d'après nos normes

*

Sous le protoxyde d'azote
Chez un dentiste j'entendais
L'assistante entrouvrir la porte
Et commencer une phrase
Docteur doit-on et après une
Éternité de procès
De tribunaux où l'on jure
De se taire tribunaux
Et juges d'innombrables mondes
Où la vitesse et la lenteur
Incestueusement s'épousent
Je revins peu à peu sur terre
Et c'est alors que j'entendis
Finir la phrase et l'assistante
Fermer la porte entrouverte

*

Von ganz beträchtlicher Statur
Er gab mir sogar zu verstehen
Daß wir durch ein analoges
Wunder noch die Welt wechseln könnten
Um anderswo wiederzufinden
Unsere relative Erscheinung
Und immer sprach sein strahlender
Mund völlig lautlos und immer
Gab er mir zu verstehen
Daß seine entsetzliche Schönheit
Nur eine Illusion wäre die
Gemäß unsren Normen errichtet

*

Unter dem Stickstoffprotoxyd
Bei einem Zahnarzt hörte ich
Die Tür halbaufgehn und die Schwester
Mit einem Satz beginnen *Doktor*
Soll man und dann nach einer
Ewigkeit an Gerichtsprozeß
Bei welchem man zu schweigen schwört
Den Richtern und Gerichten aus
Unzählbar vielen Welten wo
Die Schnelle und die Langsamkeit
Sich in Blutschande vermählen
Kehrte ich allmählich zur Erde
Zurück und nunmehr hörte ich
Den Rest des Satzes und die Schwester
Die noch halboffne Tür zuklinken

*

De plus en plus ce rien jusqu'
A l'immensité d'un nouveau
Calme auquel n'a point accès
Un monde si fier d'être brusque
Comme au théâtre une foule
De spectateurs nous observe
Jouant nos rôles à travers
Le mur quatrième du vide
Et sur ce mur idéal signent
Les amoureux et les poètes

*

Une voûte je présume
Comparable à cette vaste
Odorante gorge de fleur
Où s'engouffre sous une armure
De Samouraï le scarabée
Bâillait devant notre marche
Et jamais une seule ligne
Ornementale de ses courbes
Translucides ne prétendait
Plaire aux yeux car on devine
Chaque arabesque fabuleuse
Être indispensable à quelque
Équilibre énigmatique

Une sagesse aussi noble
Que la folie une extrême
Béatitude une noce
Du croyable et de l'incroyable

Und immer tiefer dieses Nichts
Bis hin zur Unermeßlichkeit
Einer neuen Stille abgesperrt
Von einer Welt die stolz darauf ist
Schroff zu sein wie im Theater
Eine Zuschauermenge verfolgt
Wie wir unsre Rollen spielen
Durch die vierte Wand der Leere
Und auf diese ideale Mauer
Setzen Liebende und Dichter ihre Namen

*

Eine Höhlung ich vermute
Vergleichbar diesem mächtigen
Duftenden Blütenkelch in dem sich
In der Rüstung eines Samurai
Der Skarabäus vergräbt klaffte
Direkt vor uns auf dem Wege
Und keine einzige Verzierungslinie
Ihrer durchscheinenden Wölbung suchte
Den Augen zu schmeicheln man erahnt
Jede märchenhafte Arabeske ist
Unabdingbar nötig für ein
Rätselhaftes Gleichgewicht

Eine Weisheit genauso edel
Wie der Wahnsinn eine extreme
Glückseligkeit eine Vermählung
Des Glaubhaften und des Unglaublichen

Mettaient la nappe du festin
Des nourritures de l'âme

*

Et pareillement à Dante
Surpris par le nombre des bolges
Et par l'enlisé d'une boue
Bouillante avec grand ouvert
Le couvercle de son cerveau
Sur lequel du plomb fondu coule
Je m'étonnais d'un spectacle
D'une horreur fascinante à cause
D'un ordre pareil au désordre
Comparable à cet absurde
Travail du kaléidoscope
Inapte à sanctifier
Le hasard génial des fautes
Mais j'ignore quel mécanisme
Glorieusement évitait
A ce géométrique ennui
Les combinaisons monotones

*

Plus stupide je progressais
Dans un univers aux multiples
Dimensions plus les miracles
Contredisant mes habitudes
Se déployaient sur ma route
Jamais formes jamais couleurs

Sie deckten die festliche Tafel
Mit Erquickungen der Seele

*

Und ebenso wie Dante der erstaunt
Über die Zahl der Höllenschluchten war
Und über den im brodelnden
Schlamm Eingesunkenen mit seinem
Weitaufgerißnen Schädeldach
Auf dessen Hirn geschmolznes Blei herabtroff
War ich überrascht von einem Schauspiel
Faszinierenden Grauens verursacht
Von einer Ordnung die dem Chaos glich
Ähnlich der absurden Tätigkeit
Des Kaleidoskops unfähig
Das geniale Hasardspiel von Fehlern
Heiligzusprechen aber
Ich weiß nicht welch Mechanismus
Bewahrte diesen geometrischen
Überdruß auf rühmliche Weise
Vor monotonen Kombinationen

*

Je stumpfsinniger ich voranschritt
In einem Universum zahlreicher
Dimensionen desto mehr Mirakel
Breiteten sich konträr zu allem
Was ich gewohnt war vor mir aus
Und niemals stimmten Farben oder Formen

Ne correspondaient à nos signes
Et ainsi que du sommeil
Pourrissent sur le rivage
Loin des profondeurs du rêve
Les coquillages et les algues
Dont les cadavres ressuscitent
Dans la mer mère remis
Comme Peyotl ou Mescaline
Dédaignant les humbles objets
Après des fêtes triomphales
Et les abandonnent après
Mes pauvres vocables fanés
Mon extase dévalorisent

*

L'animal et le végétal
Conservaient du microscopique
Les finesses malgré le vaste
Lignes de la main dentelles en marche
Planches du système nerveux
C'était d'un écorché vif
L'épouvantable élégance
Car l'invisible devenu
Visible et visible à l'œil nu
Combinait sans rien d'inerte
Ses radieuses symétries

*

Mit uns vertrauten Zeichen überein
Und grade so wie im Schlaf
An den Ufern und weitab
Von den Tiefen des Traumes
Die Muscheln und Algen verfaulen
Deren Kadaver sich neu beleben
Wenn sie ins Meer zurückgeworfen werden
Wie Peyote oder Meskalin
Die bescheidenen Dinge verschmähend
Nach triumphalen Festlichkeiten
Und sie dann verlassend – entweihen
Meine armselig verblaßten Worte
Mein grenzenloses Verzücken

*

Das Tier und die Pflanze bewahrten
Die Feinheiten des Mikroskopischen
Der Unermeßlichkeit zum Trotz
Handlinien bewegtes Spitzengeflecht
Gravuren des Nervensystems
Das war die schreckliche Eleganz
Eines lebendig Gehäuteten
Denn das Unsichtbare das jetzt mit
Bloßem Auge sichtbar geworden war
Kombinierte ohne jede Trägheit
Seine strahlenden Symmetrien

*

Et magnifiant grâce à quelque
Jeu de miroirs les platitudes
Que l'un après l'autre perçoivent
Nos sens atrophiés mon œil
Pareil à celui des mouches
Créait avec n'importe quoi
De trop infaillibles chefs-d'œuvre

*

Et cette impuissance à traduire
En notre langage un séjour
D'une stupéfiante audace
Sauf par exemple un roc couvert
De rides s'approchant un peu
Des empreintes digitales
A pic sur une mer rouge
Qui n'était ni rouge ni mer
Et ce roc point un roc et cette
Route qui n'en était pas une
Car cette route se déroule
Sous notre immobilité
De temps en temps je jetais
Un coup d'œil craintif à ma droite
Et ma droite était ma gauche
Et le bas était le haut
Et j'avais à découvrir peine
De mon guide un vague profil
Dissimulant mal il me semble
Une insolente ironie
Et dans cette fin sans fin

Und dank eines besonderen
Spiels von Spiegeln verherrlichte
Mein Auge ähnlich dem der Fliege
Plattheiten die uns nacheinander
In die erschöpften Sinne drangen
So schuf es völlig gleich woraus
Unfehlbare Meisterwerke

*

Und diese Ohnmacht einen Aufenthalt
Von so betäubender Verwegenheit
In unsere Sprache zu übertragen
Ausgenommen vielleicht diesen Fels
Von Runzeln bedeckt die ein wenig
Wie Fingerabdrücke aussahen
Ragte er aus einem roten Meer
Doch war es weder rot noch Meer
Und dieser Fels kein Fels und auch
Diese Route war gar keine
Route denn sie formte sich
Unter unserer Reglosigkeit
Von Zeit zu Zeit warf ich einen
Furchtsamen Blick auf meine rechte Seite
Und alles rechts von mir war links
Und was unter mir war stand oben
Und ich hatte Mühe ein vages Profil
Meines Geleiters zu erspähen
Das so schien es mir nur schlecht
Eine unverschämte Ironie verhüllte
Und an diesem Ende ohne Ende

Dans ce cul de sac ouvert
Sur la ruche d'un essaim d'astres
Progressaient nos pas immobiles

*

Sous les maléfices d'un ciel
Orné de nombreuses lunes
Et ce faste du minuscule
Atteint de gigantisme je
Sentis m'envahir l'angoisse
D'être dupe et que la main
Qui me mène soit un nuage
En forme de main et si seul
En ces lieux je me retrouve
Et si de ce nouvel Espace –
Temps étranger au nôtre
Je suis chassé retrouverai-je
Vieil univers tes coutumes
Et la peur lovait en moi
Les nœuds de sa froide couleuvre
Et battait mon cœur la charge
Tandis que les nobles délices
De ce que par orgueil nous prîmes
Pour l'infiniment petit
Déployaient autour de nous
Leur magnificence funeste

*

In dieser offenen Sackgasse auf
Dem Bienenstock eines Sternenschwarmes
Setzten wir unsre reglosen Schritte

*

Unter den Verwünschungen eines Himmels
Der geschmückt war mit zahlreichen Monden
Und diesem Pompe der an Riesenwuchs
Leidenden Winzigkeit ergriff
Mich plötzlich wilde Furcht davor
Genarrt worden zu sein und daß die Hand
Die mich da führte vielleicht Wolke sei
In Form einer Hand und ich mich gar
Allein an diesen Stätten befände
Furcht ob ich aus diesem neuen Raum
Mit anderer Zeit als der unsrigen
Verjagt auch wiederfinden würde
Deine Gepflogenheiten altes Universum
Und diese Angst schlug in mir
Windungen wie eine kalte Natter
Und mein Herz klopfte bis zum Halse
Während die edlen Genüsse
All dessen was wir arrogant
Für unendlich klein nur hielten
Rings um uns entfalteten ihre
Unheilverkündende Pracht

*

Et je regrettais cet Enfer
De Dante ce sage voyage
Dont il est sûr de revenir
Ces damnés qui se racontent
A tour de rôle son doux guide
Un laissez-passer en poche
Ne craignant ni le chien à trois
Têtes ni Minos ni
Perséphone au Proserpine
Ni Lucifer le bel archange
Qui règne à la place des Dieux
Dans les cavernes infernales
Puisque même aux Enfers tout change

*

Sans rien savoir de ces lieux
Je comprenais ce qui jadis
Me semblait incompréhensible
Et pourquoi les gens de chez nous
De moi prudemment s'écartent
Me haïssent et me dédaignent
Or ce n'était pas du dédain
Que j'éprouvais ni de la haine
Non mais cette peur panique
De l'enfance toute seule
Prise au piège des corridors
Et je me rappelais l'atroce
Épouvante ma lampe éteinte
D'être abandonné dans le noir

Und mit Neid gedachte ich der Hölle
Dantes dieser besonnenen Reise
Bei der er sicher war zurückzukehren
Dieser Verdammten die der Reihe nach
Erzählen seines sanften Führers
Der den Passierschein in der Tasche
Weder den dreiköpfigen Hund
Noch Minos fürchtete weder
Persephone oder Proserpina
Noch Luzifer den schönen Engel
Welcher an Götter Statt regiert
In den Höllischen Kavernen
Weil sich selbst in der Hölle alles ändert

*

Ohne diese Stätten zu kennen
Begriff ich doch was mir vormals
Ganz unbegreiflich schien
Und warum die Leute bei uns
Mich so sorgfältig meiden
Mich hassen und verachten
Nun es war nicht Verachtung
Was ich empfand auch nicht Haß
Sondern diese panische Furcht
Meiner Kindheit mutterseelenallein
Gefangen in der Schlinge der Korridore
Und dann das blanke Entsetzen
Als meine Lampe erlosch
Und ich mich verlassen fand

Capharnaüm de la chambre
Où j'ai vu mourir ma grand-mère

*

Nous croisâmes des troupeaux
D'un bétail préadamite
Dont j'apercevais les organes
A travers un cristal mou
Des esclaves dont un œil
Cyclopéen était la tête
Les conduisaient paître sur des
Pâturages nématoïdes
Et cet œil remuait des cils
Auxquels un peuple de pylones
Devait communiquer des ordres
Et ma surprise était due
Davantage à la manière
Dont ces bizarres créatures
Apparaissaient disparaissaient
N'allant jamais d'un endroit
A un autre mais toujours
Surgissant à l'improviste
Sans me voir à côté de nous

*

Il n'y avait ni haut ni bas
Je me mouvais à la renverse
Ayant pour jambes mes bras
Qu'un crépuscule traverse

In dem schwarzen Chaos des Zimmers
Wo ich einst meine Großmutter sterben sah

*

Wir trafen auf ganze Herden
Vorsintflutlichen Viehs
Dessen Organe ich durch ein
Weiches Kristall gewahren konnte
Sklaven mit einem Zyklopenauge
Anstelle des Kopfes trieben
Sie zum Grasen hinaus auf
Nematodenverseuchte Weiden
Dies Auge nun bewegte Wimpern
An die ein Volk von Lichtmasten
Signale übermitteln mußte
Und mein Erstaunen steigerte
Sich noch als ich bemerkte wie
Diese bizarren Kreaturen
Erschienen und verschwanden und
Sich trotzdem nie von einem Ort
An einen anderen begaben immer
Unberechenbar auftauchend dicht
Neben uns doch ohne mich zu sehen

*

Es gab da kein Hoch und kein Tief
Und als ich mich also wandte
Statt auf Beinen auf Armen lief
Durch die das Abendlicht brannte

A la renverse et transparent
Je voyais le corps de mon guide
Participer à ce vide
Invisible mais apparent

Comme un Hermès aux pieds ailés
Sur ce vide où mes yeux se posent
Remuait la métempsycose
De mes membres en allés

Je savais qu'après mon retour
Sur la terre où j'ai pris naissance
Je ne garderais connaissance
D'un univers où rien n'est lourd

Et statiques sans poids marchâmes
Nos pieds devenus nos mains
Nos corps devenus nos âmes
Sur d'impondérables chemins

Et croisâmes des paysages
Et des bêtes dont le visage
Imitait le visage humain

*

Et ne me rassurait mon guide
Car me venait la certitude
Avec dégoût que plusieurs
Virus d'essence différente
Pourraient revêtir l'apparence

Sah ich verkehrt und durchsichtig klar
Meines Geleiters Schemen
An dieser Leere teilnehmen
Kenntlich wenn auch unsichtbar

Als flügelfüßig Hermes dann
Spornte er im Leeren wieder
Meine traumverlornen Glieder
Zur Metempsychose an

Ich wußte wenn ich heimwärts kehr
Zur Erde auf der ich geboren
Ginge mein Wissen verloren
Um dies All in welchem nichts schwer

Wir schritten ohne uns zu regen
Die Hände wurden Füßepaar
Die Seelen Körper uns auf Wegen
Gewichtslos unberechenbar

So durchquerten wir Gefilde
Und Vieh dessen Antlitz dem Bilde
Des Menschen nachgeformt war

*

Und mein Geleiter konnte mich
Nicht mehr beruhigen als ich
Mit Ekel erkannte daß Scharen
Von Viren verschiedenen Ursprungs
Überziehen könnten die Erscheinung

De ce monstre qui me conduit
Innombrable n'était-il un
Que faute de mieux comparâmes
A Virgile ce jeune monstre
Entre les monstres venu d'où
Et pourquoi je me le demande
M'arracher de force aux phantasmes
De notre terrestre raison

*

Or sachant qu'il lui faudrait prendre
Afin d'être par moi vu
L'aspect sous lequel l'art nous montre
Les déesses et les dieux
Il arborait tour à tour
Les déguisements classiques
De l'invisibilité

*

Et m'envahissait le doute
Que de Heurtebise il cherchait
A composer un simulacre
Me flattant bassement par
Cet air de famille avec une
Créature de ma pensée

*

Dieses Monsters das mich führte
Unendlich vielgestaltig war es
Nur mangels Besserem verglichen wir
Es mit Vergil dies junge Monster
Unter den Monstren von wo wohl
Gekommen um warum grad mich
Mit Macht aus den Phantasmen unsrer
Irdischen Vernunft zu reißen

*

Wissend nun daß er um von mir
Gesehen zu werden jene Gestalt
Annehmen mußte in der die Kunst
Uns Götter und Göttinnen zeigt
Stellte er abwechselnd zur Schau
Die klassischen Verkleidungen
Der Unsichtbarkeit

*

Und langsam schöpfte ich Verdacht
Daß er versuchte Heurtebise
Nachzuahmen um mir auf
Niedrige Art durch solch entfernte
Ähnlichkeit mit einem Geschöpf
Meiner Gedanken zu schmeicheln

*

Que dis-je pareil à Pallas
Lorsqu'en Mentor elle se change
Il était soit muse soit ange
Selon sa joie à me duper
Tour à tour sa froide malice
Soignait et négligeait son rôle
Et le pire était que le drôle
Me lisait à livre ouvert
Et se sachant découvert
Faisait une main de police
Peser lourde sur mon épaule

*

De cet enchevêtrement
De mondes les uns dans les autres
Lui seul sans être inquiété
Passait les sévères douanes

*

Fidèles aux défuntes normes
D'un univers abandonné
Je feignais de n'être étonné
Par les couleurs et par les formes

Trop de livres noirs ayant lu
Où quelque double jeu se joue
J'eusse naïvement voulu
Retrouver notre humaine boue

Ach was rede ich er glich
Pallas in Mentors Gestalt
Bald Muse und Engel bald
Der je nach Lust mich zu täuschen
Sich mal in seine Rolle fand
Mal boshaft gegen sie verstieß
Doch das Schlimmste an dem Kerl war daß
Er meine Gedanken las und da
Er sich darin bloßgestellt sah
Eine große Polizistenhand
Schwer auf meine Schulter fallen ließ

*

In diesem Geflecht von ineinander
Geschachtelten Welten schritt er allein
Ohne belästigt zu werden durch
Die gestrengen Schranken der Zölle

*

Getreu den verblichenen Normen
Aus einem verlassenen All
Trug Gleichmut zur Schau ich im Schwall
All dieser Farben und Formen

Ich hatte die schwarze Magie
Ihre Ränkespiele schon über
Ich wünschte mich einfach auf die
Schmutzige Erde hinüber

Voir comme un habile espion
Des politiques de la terre
Agir ce radieux pion
Sur l'échiquier du mystère

Et prendre le comportement
D'un robot ou d'un androïde
Pour celui du monstre charmant
En quoi se déguise le vide

Et devait rire de ma peur
Ce rien en ange qui se change
Et de ce qu'un aspect trompeur
Je veuille honorer du nom d'ange

*

C'est ainsi que dans *l'Iliade*
Nous vîmes sous les murs de Troie
Un seul héros en être trois
Achille Patrocle et Minerve
Lorsque leurs lances perforaient
Les beaux corps ombrés de forêts

Et pour que la mort réussisse
A faire un se prétendre deux
Nous vîmes Narcisse et Narcisse
Croire une eau qui se moquait d'eux

*

Wie ein Spion den die Erde schickt
Wollte ich spähn und erfahren
Wie der strahlende Bauer rückt
Auf dem Schachbrett des Wunderbaren

Mit seinem Automaten-Tun
Roboterverhalten erschreckte
Mich dieses reizende Monster nun
In dem sich die Leere versteckte

Dies wandelbare Nichts verlachte mich
In meiner Angst sein Trugbild diesen
Schein eines Engels hätt ich fast
Als einen Engel gepriesen

*

Grad so wie man in der *Ilias*
Trojanischen Stadtmauern nah
Einen Helden in Dreigestalt sah
Achilleus Patroclus Minerva
Und von ihren Lanzen durchbohrt
Schöne Leiber von Wäldern umflort

Um dem Tod den Trick zu erlauben
Daß einer sich hält für zwei
Sahn Narziß und Narziß wir im Glauben
Ans Wasser es lachte dabei

*

Et je retrouvai la prière
Afin de hâter mon retour
Dans un monde où depuis soixante
Dix ans je conduisais ma barque
Voilà soixante-dix ans coq
Sur ton perchoir que tu dégoises
Ton cri de cuivre et de rouille
Un demi-siècle que je marche
Et que je danse devant l'Arche
Comme court l'infirme endormi
Digne du moins de la race
De ces prestigieux élèves
Chassés de collège en collège
Des clochards des ambulants
Et autres bâtons dans les roues
Bref de ces infatigables
Empêcheurs de danser en rond
La famille des sans famille
Des sans papiers porteurs d'un nom
Célèbre ainsi triche le mythe
Mais il était beaucoup trop tard
Pour changer mon fusil d'épaule
Trop tard pour tourner le dos
A la douce farce de vivre
Trop tard pour envier la flèche
Du Zen qui médite le but
Mieux vaut écrire sur ma tombe
Cette épitaphe: Je débute

*

Und ich entsann mich des Gebets
Um meine Rückkehr voranzutreiben
In eine Welt wo ich seit siebzig Jahren
Das Steuer meines Bootes führte ja
Schon siebzig Jahre sind es Hahn
Daß du auf deiner Stange ausstößt
Dein Krähen aus Kupfer und Rost
Ein halb Jahrhundert lauf ich schon
Und tanze vor der Bundeslade
So wie der Krüppel rennt im Schlaf
Fast zu vergleichen dem Schlage
Jener glanzvollen Schüler von einem
Gymnasium zum nächsten gehetzt
Clochards Vagabunden und
Andere Störenfriede kurz
Jene die sich unermüdlich
Weigerten im Kreis zu tanzen
Die Familie der Verwaisten
Der Ausweislosen Träger eines
Berühmten Namens so täuscht der Mythos
Aber es war schon viel zu spät
Um jetzt noch die Fronten zu wechseln
Zu spät der süßen Farce Leben
Den Rücken zuzudrehn zu spät
Den Pfeil des Zen zu beneiden
Der sein Ziel sucht durch Meditation
Besser auf mein Grab zu schreiben
Dies Epitaph: Ich debütiere

*

Car s'il me convient que la mort
Embellisse notre alchimie
Il me déplaît d'avoir été
Le gobe-mouches d'un songe

*

Or le cheminement confus
De ma pensée intérieure
Devait au rieur déplaire
Et sans même que je comprisse
Ce qui m'arrivait une trombe
Attribuable à la colère
Céleste me roua de coups
Devenu le fol épicentre
D'un cyclone qui m'emportait
Bousculait étirait mes membres
A l'exacte image des anges
Du Greco pris dans leurs roses
Centrifuges et leurs hélices
Et leurs foudres à la pointe
D'étendards déchirés qui trouent
Le ciel orageux de Tolède
Victime d'un sabbat de folles
Épileptiques à tel
Point inévitable qu'il
Me fallait empoigner le vide
Crier et appeler à l'aide
Et devenu la faible proie
D'une rafale d'infini
J'errais parmi les galaxiques

Denn wenn es mir auch zusagt daß der Tod
Unsere Alchimie verschönt
Mißfällt es mir doch einem Traum
Aufgesessen zu sein

*

Das konfuse Voranschreiten
Meiner innersten Gedanken aber
Sollte dem Spötter mißfallen und ehe
Ich recht verstand wie mir geschah
Hatte mich ein Wirbelsturm ergriffen
Zuzuschreiben wohl dem Himmelszorn
Ich wurde krumm und lahm geschlagen
Zum wildgewordnen Epizentrum
Eines Zyklons der mich entführte
Meine Glieder schüttelte und streckte
Mich so zum Ebenbild der Engel
Grecos machte erfaßt vom kreisenden
Sog ihrer Rosen ihren Spiralen
Und ihren Blitzen in die Spitze
Zerschlissner Flaggen die den orangeroten
Himmel Toledos durchbohren
Opfer eines Sabbats wahnsinniger
Epileptiker in solch
Unwiderstehbarem Maße daß er
Mich zwang an die Leere geklammert
Zu schreien um Hilfe zu rufen
Und zur leichten Beute einer
Sturmbö der Unendlichkeit geworden
Irrte ich umher zwischen

Poussières qu'un rayon
De soleil dénonce et je ne
Croyais pas si bien dire car
Poussière de poussières
Je voltigeais dans ma chambre

*

Et brutalement je vécus
Ma fuite à rebours les meubles
Les murs le plafond les chattes
Gigantesques décroissant
Jusqu'à ce que mon humaine
Taille atteinte un choc brutal
Me vît étendre à la place
Où m'avait pris par la main
Ce que je prenais pour un guide

*

Pourquoi raconter ce voyage
Puisqu'on ne doit le raconter
Et quel était-il ce visage
D'une insoutenable beauté
Le corail l'éponge la pieuvre
Se savent dire avec des mots
Que ne puis-je user pour mon œuvre
Du langage des animaux

Pourquoi cette cloison étanche
Entre des règnes ennemis

Den Staubgalaxien die ein Sonnenstrahl
Sichtbar werden läßt und zwar
Noch wörtlicher als ich es meinte
Denn als Staub vom Staube
Wirbelte ich durch mein Zimmer

*

Und brutal erlebte ich die
Umkehrung meines Schwindens
Die Möbel die Wände die Decke
Die riesigen Katzen schrumpften
Bis mich in meiner Menschengröße
Ein gewaltiger Schlag niederstreckte
Gerad dort wo mich bei der Hand
Genommen hatte was ich
Für einen Führer gehalten

*

Warum nun erzähln von der Reise
Wenn man doch nichts erzählen soll
Wessen Antlitz es war das ich preise
Unerträglicher Schönheit voll
Die Koralle der Schwamm der Krake
Plaudern so lieblich im Meer
Ach wenn ich doch für meine Werke
Der Tiersprache mächtig wär

Warum zwischen feindlichen Reichen
Diese Trennwand die nichts durchdringt

Et pourquoi m'avait-on remis
Sur un fleuve où je fais la planche
Pourquoi pourquoi toujours pourquoi
C'est une phrase de Cégeste
De ce voyage il ne me reste
Que l'espoir de n'être plus moi

*

Que nous demeure-t-il d'Ithaque
Peu témoigne de ce qui fut
Et le ver du temps attaque
Des colonnes mortes le fût

Rien que des cendres de cigare
L'une sur l'autre s'amassant
Et la vieille rouille du sang
De Mycènes ou de Mégare

A Sunnium Byron signa
Je signai mon nom sur les cendres
Et de sépulture il n'y a
Pour la dépouille d'Alexandre

Rien de cette tragédie
Ne témoigne qu'un rideau
Oublié par l'incendie
Et quelques rides sur l'eau

*

Warum treibt mein Leib der nicht sinkt
Im Strom einem Brett zu vergleichen
Warum und stets warum ist ein
Cégeste-Wort von dieser Reise
Bleibt mir lediglich die leise
Hoffnung fortan nicht mehr ich zu sein

*

Was bleibt uns von Ithaka weiter
Als die Kunde welche besagt
Es war einst Sieh den Zahn der Zeit der
Toten Säulen die Schäfte benagt

Nichts blieb als aufgetürmte schöne
Asche früherer Zigarrenglut
Und der uralte Rost an Blut
Von Megara oder Mykene

Sunnium – Byrons Zeichen meines
Schreib ich in diesen Aschehauf
Von allen Gräbern nahm keines
Den Leichnam Alexanders auf

Von der Tragödie die hier geschehn
Künden alleine zwei Dinge
Ein Vorhang den der Brand übersehn
Und auf dem Wasser die Ringe

*

J'avais beau tenir la preuve
Que tout solide est un nuage
Que fantôme était mon voyage
Que cette chambre où je me trouve
Et les chambres de mon enfance
Ne sont que menteuse apparence
Et que mes regards m'y trompaient
En moi descendit cette paix
De ceux ayant l'air de croire
A l'avenir de leur passé
Par crainte de désamorcer
Les explosifs de la colère

*

Longtemps nous surnommâmes anges
Créatures herculéennes
De sexe double sans acte
De naissance ni poids ni sang
D'une emplis fabuleuse moëlle
Moins lourde que la pensée
Dont bat l'aile immédiate
Plus légère que le liège
Que le lait du pavot céleste
Que le balai de la sorcière
Que les jambes du vol en rêve
Que le somnambule des toits
Rose blanche de la vitesse
La muse Uranie en épingle
Au corsage de son corps sage
La feinte immobilité

*

Ich litt nicht Mangel an Beweisen
Daß alles Feste nichts als Wolkenwand
Daß ein Hirngespinst war mein Reisen
Daß dieses Zimmer wo ich mich befand
Und die wo meine Kindheit vergangen
Mich als Trugbilder hielten umfangen
Daß mein Blick genarrt von diesem Schein
In mich zog der Frieden jener ein
Die immer so ausschaun als glauben
Sie an ihrer Vergangenheit Ziel
Aus Furcht davor dem Trotyl
Des Zornes die Sprengkraft zu rauben

*

Schon lange titulierten wir
Engel die Herkulesgestalten
Von zwiefachem Geschlecht und ohne
Geburtsurkunde blutleer schwerelos
Mit einem sagenhaften Mark gefüllt
Weniger schwer als der Gedanke
Dessen Flügel unvermutet schlägt
Leichter noch als Kork
Als die Milch des himmlischen Mohns
Als der Besen der Hexe leichter
Als die Beine beim Fliegen im Traum
Als der Schlafwandler auf den Dächern
Weiße Rose der Geschwindigkeit
Die Muse Urania die ihren Leib
Keusch in ein Mieder einzwängt die
Scheinbare Reglosigkeit

*

Tel sur son lit à tour de bras
Nage dans les vagues du linge
Le dormeur devenu son propre
Spectacle pareil à ce roi
De Bavière seul dans sa loge
Voit se lever le rideau
Sur de nébuleuses légendes

*

C'est ce que perçûmes sans l'aide
Onirique des poisons
Saignés par les plantes naïves

*

Loin est habile à le paraître
D'être proche il a le secret
Parfois la chambre où l'on croit être
N'est pas cette chambre où l'on est

En divers espaces construites
Sommeil nocturne où je me fuis
Autre la chambre de mon rêve
Autre cette chambre où je suis
Le voyage inconnu s'achève
Sous l'œil de fourbes veilleurs
Joignant à l'ombre des guérites
Leurs silencieux pieds nus
La main au pommeau de l'épée

Auf seinem Lager schwimmt mit aller Macht
Der Schläfer in den Wogen des Bettzeugs
So sein eigenes Schauspiel geworden
Ähnlich jenem König aus Bayern
Der ganz allein in seiner Loge
Sieht wie der Vorhang sich hebt
Über nebelumhüllten Legenden

*

Das alles gewahrten wir ohne
Die onirische Hilfe der Gifte
Die aus naiven Pflanzen bluten

*

Fern hat Übung fern zu scheinen
Nah zu sein ist seine List
Das Zimmer in dem wir uns meinen
Gleicht manchmal nicht dem wo man ist

Verschieden geschnittene Räume
Füllt der Nachtschlaf in den ich floh
Anders das Zimmer meiner Träume
Als das Zimmer wo ich bin und so
Vollendet sich nun meine Reise
Ins Unbekannt unter dem Blick
Finstrer Wachen sie ziehn sich leise
Ins Postenhausdunkel zurück
Ihre stillen bloßen Füße
Schluckt es und die Hand am Schwert

Les mensonges de la mémoire
A s'y tromper chambres imitent
Ainsi pensai-je revenu
De ma décevante équipée
Ainsi les mouvantes moires
Aux plafonds de l'hôtel Welcome
Mélangeaient soleil et mer
Mais j'avais trouble conscience
Que les lieux qui m'expatrièrent
Habitent ceux où je reviens
Et qu'une secrète science
Me permettrait de démêler
Ce que dissimule une chambre
D'où je n'ose plus m'en aller
Quel épouvantable mélange
Que traverse Ursule ton ange
De corridors en corridors
Jusqu'à cette chambre où tu dors

HALTE

Ursule entre chez toi sur des pieds de voleur
Un qui des Huns sera le capitaine étrange
Comment veux-tu s'il porte une perruque d'ange
Des cheveux de l'anglais connaître la couleur

Die Gedächtnislügen ahmten
Zimmer nach um mich zu täuschen
So wähnte ich mich heimgekehrt
Von meiner trügerischen Reise
So sah ich Sonne einst und Meer
An der Decke des Hotels Welcome
Zu tanzenden Lichtern zerfließen
Doch vage ahnte ich schon daß
Die Stätten die mich verstießen
Orte heimsuchen zu denen ich
Zurückkehr und ein Geheimwissen mir
Zu entschlüsseln erlaubte
Was dieses Zimmer verbirgt
Das ich nicht mehr zu verlassen wage
Durch ein Geschlinge das entsetzt
Tastet sich Ursula dein Engel jetzt
Von Korridor zu Korridor
Bis in das Zimmer deines Schlafes vor

RAST

Es naht dir Ursula so leise wie ein Dieb
Ein Hunne den sein Volk zum Hauptmann wird ernennen
Wie willst du denn das Haar des Engländers erkennen
Wenn da vor Engelslocken nichts zu sehen blieb

Scribes plume à la toque et plumes sur l'oreille
Estrades quais châteaux tours dômes miradors
Une chambre se peuple à nulle autre pareille
Et cette chambre-là n'est pas celle où tu dors

Se peut-il que des Huns le jeune capitaine
Bande son arc avec le cuir de ses mitaines
Et que la sainte palme aux mains de l'étranger
Ne t'avertisse pas que tu cours un danger

Ton chien Ursule habite encore une autre chambre
Le ciel est-il le ciel ou le ciel de ton lit
Dormeuse et profitant de ton fatal oubli
Le triple personnage à cheveux d'or et d'ambre

Il traverse la porte et marche les pieds nus
Le voleur qui sans bruit de ton âme s'empare
Et t'abandonne au tir du bel archer barbare
Sur la fresque où mon œil les avait reconnus

Fin de la halte.

PETITE MUSIQUE DE NUIT

Par une fable émouvante
Undicimilla servante
D'Ursule onze mille devint
Devint onze mille cierges

Schreiber mit Federn hinterm Ohr und am Barette
Estraden Schlösser Kais Turmwarten Kuppelhalln
Kein Zimmer das sich je wie dies bevölkert hätte
Und doch ist es nicht das wo du dem Schlaf verfalln

Der junge Hunnensproß der Hauptmann spannt am Ende
Schon seinen Bogen mit dem Lederschutz der Hände
Den Palmenzweig des Fremdlings sieh Warum erkennst
Du nicht daß du vielleicht in dein Verderben rennst

Dein Wachhund Ursula bewohnt ein weitres Zimmer
Schläferin über dir spannt sich der Himmel weit
Betthimmel – Himmelszelt? Deine Vergeßlichkeit
Nützt aus die Dreigestalt im Goldhaar Ambraschimmer

Auf Diebessohlen trat sie barfuß ein entwand
Die Seele dir und ist geräuschlos fortgezogen
Läßt dich zurück als Ziel für des Barbaren Bogen
Auf einer Freske hat mein Auge sie erkannt

Ende der Rast

KLEINE NACHTMUSIK

Durch eine Fabel die erstaunt
Ward Undicimilla Kammerfrau
Von Ursula zu elftausend
Elftausend Wachskerzen die sich

Que d'avoir prises comme cible
Se vante le chef des Huns
Pour éteindre onze mille mèches
Avec onze mille flèches
Onze mille en face d'un
Et si jamais on vous demande
Croyez-vous à cette légende
Ne le racontez pas trop haut
Dites qu'elle est vraie ou presque
La preuve étant une fresque
Célèbre de Carpaccio

*

Or semblables à la police
Confondant de l'opium
La chaste fumée avec
L'élixir des mauvais rêves
Ceux qui mieux qu'un poète savent
Manier l'encre et la plume
Me feront sans doute reproche
De mes mots toujours les mêmes
Jugeant qu'il fallait que je fisse
Quelque pittoresque tableau
D'allure médiévale
Où mieux que je ne l'ai dit
On verrait Adam et Ève
Elfes lutins poulpiquets
Poissons dévorant des gnômes
Chimères et pétomanes
Avec corps nus et cornues

Als Ziel erwählt zu haben stolz
Das Oberhaupt der Hunnen rühmt
Elftausend Dochte erloschen
Von elftausend Pfeilen getroffen
Elftausend auf einen gerichtet
Und wenn man je euch fragt ob ihr
Dieser Legende Glauben schenkt
Dann erzählt das hier nicht so
Laut sagt wahr ja fast benennt
Ein Bildwerk als Beweis man kennt
Diese Freske von Carpaccio

*

Der Polizei vergleichbar die
Den keuschen Rauch des Opiums mit
Dem Elixier der bösen Träume
Verwechselt – die sich da besser
Als ein Dichter auf Tinte und Feder
Verstehen werden mir ohne
Zweifel den Vorwurf machen daß
Meine Worte stets die gleichen seien
In der Meinung daß ich irgendein
Prunkgemälde schaffen sollte
In mittelalterlicher Manier
Auf dem man schöner als ich es
Zu schildern vermag Adam und Eva
Elfen Kobolde geschlüpfte Kraken
Fische die Gnome verschlingen
Chimären und Gaukler erblickt
Mit nackten Leibern und gehörnt

Carnaval dont Jérôme Bosch
Enroule à l'arbre de science
Un cortège qui figure
Le serpent du Paradis

*

Pavot couronné tu saignes
Un lait noble qui m'enseigna
Jadis à prendre le large
Loin d'un monde dont l'ellébore
Ne pouvait guérir la folie
N'es-tu pas tige sans épines
Le sceptre de Proserpine
Sur les bords du fleuve d'oubli

Ein Karneval dessen Narrenzug
Hieronymus Bosch der Schlange
Des Paradieses vergleichbar um
Den Baum der Erkenntnis schlingt

*

Gekrönter Mohn wie Blut entleerst
Du edle Milch die mich lehrte
Vor Zeiten das Weite zu suchen
Aus einer Welt deren Wahnsinn
Der Nieswurz nicht heilen konnte
Du dornenloser Stiel wächst ja
Als Zepter der Proserpina
An den Ufern beim Strom des Vergessens

[Ende des Dritten Periode]

La vie est la première partie de la mort
31

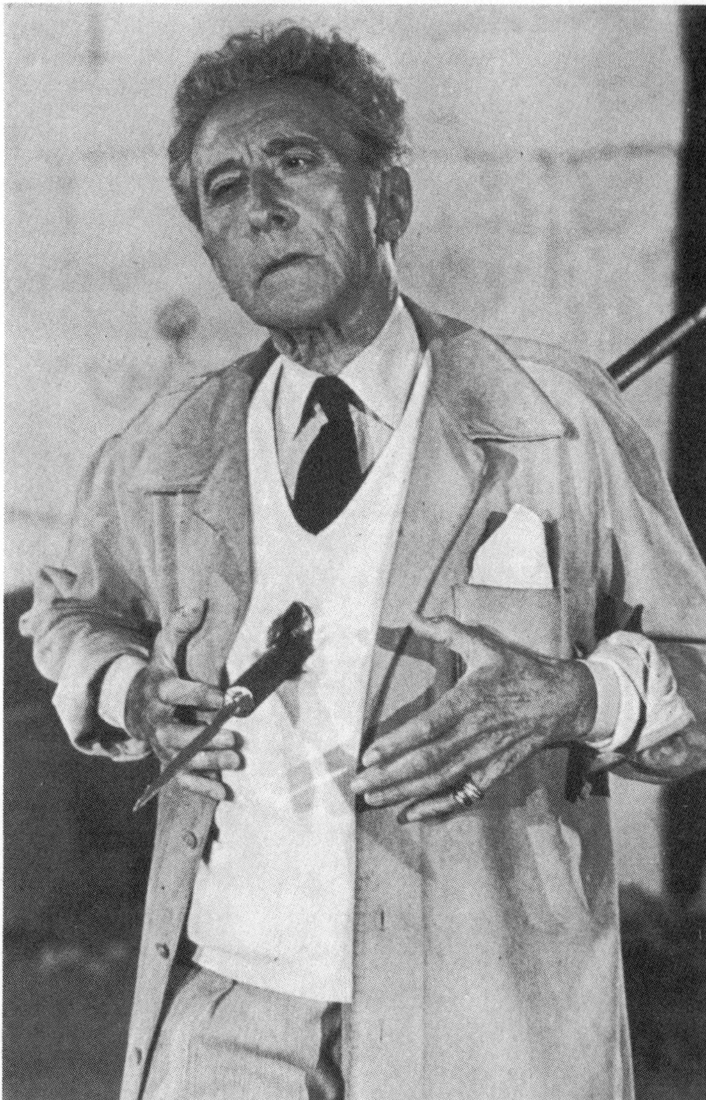

Ainsi que l'hiver la forêt
Construite en bois revigore
Bâtons gourdins gaules perches
D'un désordre à la Piranèse
Expulsant de son squelette
Parures de mariée
La fraîche bouche entrouverte
Du jeune printemps sur nous crache
Une grêle de pierreries

☆

Sur ce fleuve où je fais la planche
Passent canotiers vigoureux
Et les familles du dimanche
Mais je ne suis pas de chez eux

Sur ce fleuve où mon corps de liège
Voyage allégé de son sang
La jeune mort qui me protège
M'adresse un bonjour en passant

So wie der Winter den Forst
Den holzerbauten neu kräftigt
In einem Chaos à la Piranesi
Knüppel Stecken Stangen Ruten
Aus seinem Skelett entfernt
Sprüht als sein Brautgeschmeide
Der frische halboffene Mund
Des jungen Frühlings auf uns
Hagelschauer von Juwelen

☆

Auf dem Strom dessen Wasser mich tragen
Ziehn kräftige Paddler auch die
Familien an Wochenendtagen
Und doch bin ich anders als sie

Auf dem Strom laß ich Korken mich treiben
Mein Körper ist blutleer und frei
Jungfrau Tod wird mir Schutzherrin bleiben
Sie grüßt und geht an mir vorbei

Paris de ta triste asphalte
On me croit être le fils
Et naître crapauds et lys
Du silence de mes haltes

Je ne suis pas ton fils Paris
De la terre pas davantage
Plutôt d'un cinquième étage
D'où je poussais mes cris écrits

Car c'est dans cette chambre rue
D'Anjou que féroce mante
Religieuse m'apparut
La muse qui me tourmente

Paris man glaubt ja ich wäre
Sohn deines tristen Asphalts
Und daß mein Rasten nichts als
Kröten und Lilien gebäre

Ich bin nur nicht dein Sohn Paris
Noch der der Erde stamme nämlich
Aus dem fünften Stock in dem ich
Geschriebene Schreie ausstieß

Denn in diesem Zimmer hier
Rue d'Anjou (gleich wenn man einbiegt)
Naht im Nonnenschleier mir
Wild die Muse die mich peinigt

Muse froide amazone avec ton sein de marbre
Tu n'as pas d'autre cœur qu'une machine à sous
Pendu tu m'aimerais à quelque branche d'arbre
        Et la mandragore dessous

Les échecs sont un jeu que tu daignes m'apprendre
Pour que je te contemple et que je perde au jeu
Attentive à me voir renaître de mes cendres
        Tu me brûles à petit feu

Voilà de quels calculs s'occupe ma compagne
Sa superbe laideur éclipse la beauté
Et c'est si je me mets à battre la campagne
        Qu'elle accepte de m'écouter

Muse mit Marmorbrust du kalte Amazone
Du hast nicht mehr Herz als ein Glücksspielautomat
Gehenkt sähst du mich gern in eine Baumeskrone
        Über Alraunen am Pfad

Du möchtest mir das Schach der Niederlagen zeigen
Denn wenn ich dich nur schau wirst du bald Sieger sein
Gespannt wie ich es schaff der Asche zu entsteigen
        Heizt du mir ordentlich ein

Solch Trachten geht meiner Gefährtin durch die Sinne
Vor deren Häßlichkeit das Schöne Glanz verlor
Erst wenn ich einen Satz ohne Verstand beginne
        Leiht sie mir willig ihr Ohr

Un pied sur le sol un pied dans le vide
Boite le poète vainqueur
De l'étranger qui le déhanche
Et retourne exprès vaincu
Dans un règne où se désincarne
Sa figure imaginaire

Un pied dans le vide un pied sur le sol
Le poète vainqueur boite
Pareil aux enfants qui jouent
Au bord des trottoirs de leur ville
Et c'est à cette boiterie
Que la gloire le reconnaît

Un pied dans la veille un pied dans le songe
Le somnambule se meut
Sous les toits de lune où sanglotent
Les chats tourmentés par l'amour
Et l'adroite mort qu'il courtise
Le guide en lui tenant la main

Einen Fuß auf dem Boden einen Fuß in der Leere
So hinkt der siegreiche Poet
Aus der Fremde die ihn verrenkte
Kehrt vollständig geschlagen in
Ein Reich zurück wo sich verliert
Seine imaginäre Gestalt

Einen Fuß in der Leere einen Fuß auf dem Boden
Der siegreiche Dichter hinkt
Wie kleine Kinder beim Spiele
An Gehsteigrändern ihrer Stadt
Und an diesem lahmenden Gang
Erkennt ihn schließlich der Ruhm

Einen Fuß im Wachen einen Fuß im Traum
So zieht der Schlafwandler dahin
Unter Dächern im Mondschein auf denen
Katzen ihren Liebeskummer schluchzen
Und der gewandte Tod der ihn umgarnt
Führt ihn behutsam bei der Hand

ANMERKUNGEN DES ÜBERSETZERS

S. 11: *Verdammung des Lorbeers*

»März« – Das französische Wort »Mars« verweist darüber hinaus in diesem Gedicht auch auf den Kriegsgott Mars bzw. den nach ihm benannten Planeten.

»Matrosenkarrn« – In Nizza finden alljährlich prunkvolle Karnevalsumzüge mit geschmückten Festwagen statt.

S. 31ff.: *Batterie/Schlagzeug*

»Hyazinth« – schöner Jüngling der griechischen Sage, Liebling Apollons, der ihn beim Diskuswerfen versehentlich tötet. Aus dem Blut des Hyazinth läßt Apoll die Hyazinthe sprießen.

»La Goulue« – Pseudonym der Louise Weber, einer Ende des vorigen Jahrhunderts sehr gefeierten Tänzerin im Pariser Nachtlokal »Moulin rouge«. Toulouse-Lautrec hat sie auf Plakaten dargestellt.

»Buffalo Bill« – eigentlich William F. Cody (1846–1917), nordamerikanischer Trapper, Kunstschütze und Gründer einer aufwendigen Wild-West-Show.

»Barnum« – Phineas Taylor Barnum (1810 bis 1891), Begründer des amerikanischen Wanderbühnengeschäfts und des Groß-Zirkus »Barnum & Bailey«.

S. 39: *Baskisches Thema*
»Pelota« – baskisches Nationalspiel, ähnlich dem Herrendoppel beim Tennis, jedoch mit Wurfhandschuhen.

S. 57: *Die hier/Cette*
»Cette« – zu ergänzen: »carte postale« (also: »diese Ansichtskarte«). Wahrscheinlich spielt Cocteau auf den französischen Mittelmeerhafen Sète an, der wie das Demonstrativpronomen »cette« ausgesprochen wird.

S. 59: *Marseille am Morgen*
»oriflamme« – »Goldflamme«, ehemaliges Kriegsbanner der französischen Könige; auch allgemein ein Ausdruck für schmückende Banner.

S. 81ff.: *Das Diesseits und das Jenseits*
»Tödin« – Der Tod ist im Französischen weiblichen Geschlechts (»la mort«).

S. 129: *Requiem: Durch das von Wachtürmen zerhackte Drahtverhau*
»Persephone« – griechische Toten-, Unterwelt- und Fruchtbarkeitsgöttin; Gattin des Hades.

S. 131ff.: *Requiem: Dritte Periode*

»Amadyomene« – (griech.: »die aus dem Meer auftauchende«), Schaumgeborene: Beiname der Aphrodite.

»Doré« – Gustave Doré (1832–1883), französischer Illustrator, Maler und Bildhauer. Er wurde durch seine Holzschnitte zu Werken der Weltliteratur (u. a. zu Dantes *Göttlicher Komödie*) bekannt.

»Mistral« – Frédéric Mistral (1830 bis 1914), provenzalischer Dichter. In Arles, wo Mistral ein Museum für provenzalische Geschichte und Kultur gegründet hat, steht auch ein Denkmal des Dichters.

»Peyote« – narkotisierender Kakteensud mittel- und nordamerikanischer Indianer.

»Meskalin« – Kakteenrauschgift.

»Minos« – in der griechischen Sage mächtiger König über Kreta und die Inselwelt der Ägäis, nach seinem Tod einer der drei Richter der Unterwelt.

»Proserpina« – lateinische Namensform der griechischen Unterwelts- und Fruchtbarkeitsgöttin Persephone.

»Nematoden« – Fadenwürmer.

»Metempsychose« – Seelenwanderung.

»Pallas in Mentors Gestalt« – Athena erschien Odysseus gelegentlich in der Gestalt seines Freundes Mentor, um ihm in Gefahren beizustehen.

»Ursula« – Märtyrerin. Der Legende zufolge war sie die Tochter eines britischen Königs; auf der Rückkehr von einer Pilgerfahrt nach Rom wurden sie von Hunnen überfallen. Da sie sich weigerte, die Frau des Hunnenführers zu werden, wurde sie zusammen mit elftausend (italienisch »undicimilla«) Jungfrauen umgebracht. (Siehe auch Nachwort.)

»Carpaccio« – Vittorio Carpaccio (1460 bis 1526), italienischer Maler, dessen Hauptwerk neun Bilder aus der Legende der Heiligen Ursula (ein Geschenk für die »Scuola di Sant Orsola« in Venedig) bilden.

S. 191: *Requiem: So wie der Winter den Forst*

»Piranesi« – Giambattista Piranesi (1720 bis 1778), italienischer Kupferstecher, Baumeister und Altertumsforscher. Er wurde durch seine *Vedute di Roma* und Ansichten verworren ineinandergeschachtelter Gefängnisgewölbe *(Carceri)* berühmt.

NACHWORT

Die Spiegel sind in Jean Cocteaus poetischer Mythologie die Eingangstore, durch die man lebend bereits in die Gefilde des Todes eindringt. Sie führen in ein inneres Schattenreich, das der Dichter dem Tageslicht aussetzen will. Je schärfer ihr Glanz, desto deutlicher scheint aus ihnen ein fremder Doppelgänger hervorzutreten, dessen Schritte eigenem Willen gehorchen. Die Spiegelschrift der Poesie unterstellte demnach ein Geheimnis, das aus ihrer Bildersprache zu entziffern wäre. Meist verspielt suchen es Cocteaus Gedichte der zwanziger Jahre einzufangen, die der fünfziger Jahre werden düsterer, schmerzlicher und beschwören es häufig ohne Umschweife. Wer sich da, wie Narziß am Fluß, über den Spiegel beugt, ist natürlich der Dichter selbst; aber nicht nur den Widerschein seiner Person wirft seine Kunst zurück, immer wieder führt sie überdies ihren Anspruch und ihr eigenes Wesen ausdrücklich vor Augen.

So schien mir »Spiegelschriften« ein passender Titel für eine Auswahl aus seinen Gedichten. Cocteau selbst hätte ihn nie verwenden können, denn das Französische kennt nicht die Bildlichkeit dieses Begriffs; doch immerhin überschrieb er den ersten Teil der Gedichte von *Clair-obscur* »Cryptographies«, Geheimschriften. In der Regel wählte er für seine Gedichtbände äußerst schlichte Titel, die ganz abstrakt das Zeichenhafte betonen: *Poésies, Vocabulaire, Allégories, Poèmes, Appogiatures* (eine Art musikalischer Verzierungen) beispielsweise. »Spiegelschriften« nun bewahrt den allgemein zeichenhaften Charakter und schlägt mit seinen Beiklängen doch eine Brücke zum Gehalt des Cocteauschen Werks.

Cocteau hat sich immer in erster Linie als Dichter begriffen; alle seine Arbeiten, gleich welcher Gattung, nennt er Poesie: »poésie de théâtre«, »poésie de roman«, »poésie critique«. Die

Poesie ist für ihn an ihrem Ursprung nicht die Architektur eines Kunstwerks, sondern ein elektrisches Fluidum, das im Leben pulsiere. Um ihm feste Gestalt zu geben, baut die ästhetische Konstruktion »Engelsfallen«. In konzentriertester Form bemüht sich darum das Gedicht, und sein Leben lang hat Cocteau Gedichte geschrieben. Ich möchte Ihnen im folgenden die wesentlichen Etappen seines dichterischen Werks kurz vorstellen.

Mit drei Gedichtbänden begann er seine künstlerische Laufbahn. Doch bald verwarf er diese gefällig eleganten Verse als literarische Pose, hinter der kein echter innerer Antrieb stehe. 1913 brach er mit seiner gesamten bisherigen künstlerischen Produktion, die er forthin aus der Liste seiner Werke verbannte. Das in diesem Jahr entstehende Prosawerk *Le Potomak* enthält einige Gedichte. Sein erster Gedichtband nach der künstlerischen Neuorientierung wird aber *Le Cap de Bonne Espérance* (Das Kap der Guten Hoffnung). Cocteau schreibt ihn während des Ersten Weltkriegs. Fetzen von Bildern und Reflexionen fügen sich oft collagenhaft zusammen, um den Eindruck der Flüge wiederzugeben, auf denen er den Flugpionier Roland Garros einige Male begleiten durfte.

Discours du grand sommeil, in den Jahren 1916–1918 verfaßt, ist die poetische Verarbeitung seiner Kriegserlebnisse an der belgischen Front, die ihm auch als Stoff zu dem Roman *Thomas der Schwindler* dienen. Die Dünenlandschaft dort an der Nordseeküste zeichnet sich in *Malédiction au laurier* als Hintergrund ab. Das Prosagedicht *Visite* öffnet bereits das Intervall, in dem der Tod die Wirklichkeit berührt; später werden das Theaterstück und der Film *Orphée* von diesem Zwischenreich handeln. Solch Schwebezustand, in dem die Zeit aufgehoben scheint und alle Grenzen verfließen, kennzeichnet für Cocteau das poetische Bewußtsein.

Wie verstellt naive Ansichtskarten des Poetischen wirken die *Poésies (1917–1920)*. Metaphorische Verwandlungen konkreter Wirklichkeitsausschnitte oder phantastische, aber lapidare Kombinationen bilden eine poesiedurchwirkte Welt ab. So leichtfüßig und unbekümmert geben sich diese Gedichte, weil sie die Poesie als das Nächstliegende betrachten; sie sind – wie es in

einem hier nicht aufgenommenen Gedicht der Sammlung heißt – »souvenir du pays natal«, ein Gruß aus der Heimat: Das Licht, das in sie fällt, sendet die Sonne der Kindheit aus. Aber der blaue Himmel der *Poésies* birgt bisweilen ein Geheimnis; es ist der Schatten, den die scharfen Konturen eines hell ausgeleuchteten Spiels werfen.

Vocabulaire erscheint 1922. Wie in *Poésies* herrscht auch hier meist ein leichter Ton vor, doch das Bemühen um eine ästhetisierende Bildersprache rückt stärker in den Vordergrund. Es mischen sich auch schon Klänge darunter, die bald in den berühmten Gedichten von *Plain-Chant* (Choral, 1923) zu ihrer vollen Entfaltung gelangen werden; dort wendet sich Cocteau einem strengeren, »neoklassischen« Stil zu, der sich traditioneller Formen frei bedient (siehe den Band »Gedichte I« dieser Ausgabe). Mehr und mehr schwirren in *Vocabulaire* die Zwitterwesen durch die Zeilen, deren übernatürliche Gestalt bis zu den letzten Gedichten des *Requiems* ständig wiederkehrt; in *Plain-Chant* wird er seinen Engel besingen, und *Opéra* ist dicht bevölkert von ihrer Vogelschar. Wie in dem Roman *Die große Kluft* legt sich der Todesengel von *L'Endroit et l'envers* auf den Dichter, um sich mit ihm zu vermählen. Bei Cocteau ist der Tod nicht nur stets die tragische Kehrseite der Liebe, sondern er kleidet sich selbst in ein erotisches Gewand. Auch in dem Bienenstock von *A force de plaisirs* ist er am Werk; »betrachten Sie sich Ihr Leben lang im Spiegel, und Sie sehen den Tod arbeiten wie Bienen in einem Bienenstock«, wird es in *Orpheus* heißen. Ein Satz von *A force de plaisirs* kündigt übrigens bereits eine zentrale Szene der *Kinder der Nacht* und des *Bluts eines Dichters* an: »La neige est vite marbre aux mains prédestinées«; solch einen Marmorschneeball wird der Schüler Dargelos formen, dessen wilde Schönheit ihre Anbeter vernichtet.

An einen ihrer Höhepunkte gelangt Cocteaus Dichtung zweifelsohne mit der Sammlung *Opéra* aus dem Jahr 1927. Der Vorhang zu ihrer Traumbühne mit wandelnden Statuen, unheilvollen Wundern und tanzenden Wörtern lüftet sich Ihnen im Band »Gedichte I« dieser Ausgabe.

In den dreißiger Jahren hat Cocteau kaum Gedichte geschrieben. Sein Interesse galt zu dieser Zeit in erster Linie dem Theater

und einem poetischen Journalismus, dessen schönstes Zeugnis wohl *Die Farben der Erinnerung (Portraits-Souvenir)* sind.

Aus den 1941 erschienenen *Allégories* habe ich das bereits 1931/32 verfaßte Gedicht *Cherchez Apollon* ausgewählt. Es illustriert Cocteaus Kunstauffassung: Der Zustand zwischen Schlaf und Wachen umschreibt das poetische Bewußtsein; die Schönheit, das Wunderbare, nach dem es verlangt, ruht nicht abgeklärt in sich, formt kein gefälliges Bild, sondern ist eine unheimliche, überwältigende Kraft, die dem Tanz der Kunst einen unregelmäßigen Rhythmus aufzwingt. Klar und verdichtet wird diesen Grundgedanken seiner Ästhetik *Un pied sur le sol un pied dans le vide* in *Le Requiem* aussprechen.

Weitere Gedichtveröffentlichungen folgen in den vierziger Jahren: In den 120 Strophen von *Léone* (1945) durchschreitet die traumgewordene Muse ein poetisches Universum und hinterläßt als ihre Spur das Gedicht. *La Crucifixion* (1946) ist eine lange und heftige Beschwörung des Schmerzes, in der die Kreuzigung Christi Bild für das Leiden der Welt und des Autors wird. Zu Beginn des Jahres 1946 erholt sich Cocteau in den französischen Alpen von einer schweren Hautkrankheit. Dort entsteht *Neiges* (Schnee), neun Gedichte, die in gedämpfterem Ton um den Schmerz und die »Schwierigkeit, zu sein« kreisen, wie der Essayband betitelt ist, an dem er gleichfalls hier die Arbeit aufnimmt; *Un corps vivant* entstammt diesem Zyklus. 1948 vereint er seine Gedichte der vierziger Jahre in der Sammlung *Poèmes*.*

Im letzten Jahrzehnt seines Lebens konzentriert sich Cocteau, neben der Essayistik, vor allem auf die Dichtung; sie hat nun den tänzelnden Schritt der frühen Gedichte abgelegt, wird zunehmend ernster.

Im Sommer 1952 schreibt er an der Côte d'Azur das mehrgliedrige Gedicht *Le Chiffre sept*. In grellen Farben zeigt es die Menschen dem Taumel des Todes ausgeliefert; dem verbindet sich das Leiden des Dichters, unverstanden zu bleiben. Doch er

* Den gleichen Titel trägt eine Anthologie seines dichterischen Werks, die Cocteau 1956 veröffentlicht.

entblößt seine Wunden mit selbstbewußter, offensiver Geste, fühlt sich am Puls des Schicksals. Er feiert ein elementares Wüten, eine Heftigkeit, die die domestizierte Welt erschreckt und ratlos läßt. *La mer brassait un sang bleu* setzt dies spielerischer, ohne die apokalyptischen, metaphysischen Bezüge ins Bild, die weite Teile von *Le Chiffre sept* prägen.

Appogiatures (1953) erinnert an den Stil der Prosagedichte des *Musée secret* in *Opéra*; deren traumwandlerische Inspiration fehlt hier jedoch.

In der Sammlung *Clair-obscur* (1954) spricht der Dichter von dem einsamen Schicksal, das ihm die Musen vorschreiben, den Qualen, die sie ihm auferlegen, dem Unverständnis, auf das er stoße. Sein Kult der Poesie, wie ihn *Peu m'importe la pluie* zeigt, ist hoffnungslos, muß sich selbst genügen, da ihr Geheimnis stets im dunkeln bleibt. Hommagen an verschiedene Künstler und einige »spanische« Gedichte, zu denen ihn seine erste Reise 1953 in dieses Land angeregt hat, sowie »vermischte« Gedichte ergänzen den Band; zu letzteren gehört das hier ausgewählte *Vaste*.

1958 erscheint *Paraprosodies précédées de 7 dialogues*. Die kurzen Prosadialoge wollen in die Religion der Poesie einweihen, während die Gedichte der *Paraprosodies* in manierierter Sprache eine verschlungene, schwer zugängliche Bilderwelt entfalten und sich offenbar in hohem Maße von lautmusikalischen Überlegungen leiten lassen. Mehr noch gilt das für *Cérémonial espagnol du phénix, suivi de La Partie d'échecs* (Spanisches Zeremoniell des Phönix, gefolgt von Die Schachpartie; 1961), die in Ouvertüre, Sätze und Finale unterteilt sind.

Der Musik bleibt auch der Titel des letzten Gedichtbandes treu, den Cocteau 1962, ein Jahr vor seinem Tod, veröffentlicht hat; er steht ganz unter dem Zeichen des nahenden Todes. Cocteau hat *Le Requiem* 1959 begonnen, als er nach einem Blutsturz ans Krankenbett gefesselt war – in seinem Vorwort erzählt er von den Umständen, unter denen dieser Band entstanden ist. Die über viertausend Verse des *Requiems* bilden ein einziges langes Gedicht, dessen Strophen in sieben »Perioden« gegliedert sind; dazwischen schieben sich »haltes«, Strophen, die wie Stationen eines

Kreuzwegs den Fortgang unterbrechen. Trotz eigenwilligem Satzbau, der weniger dem Bemühen um den Reim als dem Versrhythmus geschuldet ist, scheint Cocteaus Sprache hier einem starken, unmittelbaren Antrieb zu gehorchen. Schmerz und Tod beherrschen den Text, vom Kult der Poesie, von seinem vergangenen Leben, der Gegenwart der Krankheit und der Rekonvaleszenz ist die Rede, und am Ende steht ein Gruß an die jungen Leute der Zukunft, denen er nahe sein will, von denen er gehört werden möchte. Die Abfolge der einzelnen, deutlich voneinander abgesetzten Teilgedichte läßt häufig kein strenges inhaltliches Band erkennen; in den »Perioden« fallen zum Teil Leitthemen auf, um die sich viele, aber längst nicht alle der in ihnen enthaltenen Strophen locker gruppieren: am Anfang der zweiten Periode etwa spanische Motive, in der fünften Periode die Apokalypse, die die Menschheit, die Wissenschaft oder vielleicht grundsätzlich das Schicksal heraufbeschwöre. Allein die dritte Periode entwickelt einen durchgängigen Erzählzusammenhang: Eingehend schildert sie eine Reise durch die eigene fremde Bewußtseinswelt. Cocteau zieht ausdrücklich Parallelen zu seinen früheren Drogenerlebnissen, betont indes, hier seien keine Hilfsmittel im Spiel. Auf diese ekstatische Reise geleitet den Dichter sein innerer Engel. Sie wird zu einer Annäherung an das Mysterium, von dem Cocteaus Kunst künden will: Ihr Wunderbares übersteigt alle konkrete künstlerische Gestaltung, ihr Ideal der Schönheit gleicht einem erstarrten Blitz – prachtvoll blendend und erschreckend hält einen Augenblick die Drehung der Welt inne, der Widerschein eines Geheimnisses zeichnet sich in die Leere des Himmels. Wer sich seinem Bannkreis nähert, windet sich in Schmerzen und kann seiner Faszination doch nicht widerstehen. Es bleibt ihm ein Hinken zurück, das alles Ebenmaß übertrifft. Die Kunst ist ein Kampf mit den Musen. Solche Selbstdarstellung des dichterischen Schaffens durchzieht Cocteaus gesamtes Werk. .Diese dritte Periode ist jedoch mehr als das. Ihre Intensität verdankt sie dem Eindruck, daß der Autor hier auch wirklichem Erleben Sprache verleiht, auf konkrete Rauscherfahrungen zurückgreift – seien sie nun durch seine Erkrankung oder durch Drogen verursacht. In

Cocteaus Ästhetik ist der Rausch Initiation in das poetische Geheimnis.

Da die dritte Periode des *Requiems* ein geschlossenes Ganzes bildet, erscheint sie hier in voller Länge. Die am Ende eingeschobene »halte« und die ihr thematisch verbundene *Petite Musique de nuit* entfernen sich von den restlichen Strophen. Cocteau erwähnt des öfteren in *Requiem* das Zimmer der Ursula; er bezieht sich damit auf die Legende der Hl. Ursula, wie sie Carpaccio Ende des 15. Jahrhunderts auf seinen Fresken in der Akademie von Venedig dargestellt hat. Zu einem Film über diese Malereien hatte Cocteau 1948 einen Text geschrieben, in dem er sie ganz aus der Sicht seiner eigenen poetischen Mythologie, mit deutlichen sexuellen Anspielungen, interpretiert.* Das Zimmer der schlafenden, träumenden Ursula verwandelt sich, weitet sich zu einer Welt aus, von der ihr Gefahr droht. So fügt sich diese Abschweifung dem Gehalt der Periode ein, geht aber nun am Ende in Distanz zu der persönlichen Geschichte und hellt mit der Arabeske der *Kleinen Nachtmusik* den Ton auf, ehe der Autor abschließend auf sein Gemälde zurückblickt. Wenn er in der letzten Strophe dann das Lob des Opiums anstimmt, unterstreicht dies nochmals die Anklänge an den Drogenrausch und hebt zugleich die befriedende Wirkung des Opiums gegen das quälende Strahlen dieser »Höllenfahrt« ab.

Le Requiem hat Cocteau als sein poetisches Vermächtnis bezeichnet. Stets gab seine Kunst vor, mit dem Tod zu verkehren; nun tritt er wahrhaftig an ihn heran. In den Wassern des Todesflusses, von dem *Le Requiem* so häufig spricht, sucht Cocteau den dunklen Glanz eines letzten Spiegels.

Reinhard Schmidt

* *La Légende d'Ursule*, in *Poésie critique I*, Paris: Gallimard, 1959.

BIBLIOGRAPHISCHE HINWEISE

Erstausgaben der Werke dieses Bandes:

— *Discours du grand sommeil*, in: Jean Cocteau, *Poésie 1916–1923*, Paris: Gallimard, 1924.
— *Poésies (1917–1920)*, Paris: Editions de la Sirène, 1920; dann in *Poésie 1916–1923*.
— *Vocabulaire*, Paris: Editions de la Sirène, 1922; dann in *Poésie 1916–1923*.
— *Allégories*, Paris: Gallimard, 1941; dann in: Jean Cocteau, *Poèmes*, Paris: Gallimard, 1948.
— *Neiges*, in: *Poésies 1946–1947*, Paris: J.J. Pauvert, 1947; dann in *Poèmes*, 1948.
— *Le Chiffre sept*, Paris: Seghers, 1952.
— *Clair-obscur*, Monaco: Editions du Rocher, 1954.
— *Le Requiem*, Paris: Gallimard, 1962.

Nocturne aus *Vocabulaire* und *Un corps vivant*... (Ein leibhaftiger Körper...?) aus *Neiges* hat Jürgen Rennert übersetzt; erstmals in: Jean Cocteau, *Gedichte/Stücke*, hrsg. von Klaus Möckel, Berlin: Volk und Welt, 1971 (mit Gedichtübertragungen von Friedrich Hagen, Klaus Möckel, Jürgen Rennert und Georg Schneider).

Ausgewählte Literatur:

Zur Biographie:

— Frederick Brown: *An Impersonation of Angels*, New York, 1968. Deutsche Übersetzung: *Ein Skandal fürs Leben*, Bern/München, 1980.
— André Fraigneau: *Cocteau par lui-même*, Paris, 1957. Deutsche Übersetzung: *Jean Cocteau in Selbstzeugnissen und Bilddokumenten*, Reinbek, 1961.

— Jean-Jacques Kihm/Elizabeth Sprigge/Henri C. Béhar: *Jean Cocteau. L'homme et les miroirs*, Paris, 1968. Deutsche Übersetzung: *Jean Cocteau. Sein Leben – ein Meisterwerk*, bearbeitet von Friedrich Hagen, München/Wien/Basel, 1970.
— Francis Steegmuller: *Cocteau. A Biography*, Boston/Toronto, 1970. Französische Übersetzung: *Cocteau*, Paris, 1973.

Zum Werk:

— Jacques Brosse: *Cocteau*, Paris, 1970.
— Jacques Brosse: *Autour du »Requiem«*. In: Cahiers Jean Cocteau, n° 6, Paris, 1977; S. 105–128.
— Jean Cocteau: *Entretiens avec André Fraigneau*, Paris, 1965.
— Lydia Crowson: *The Esthetic of Jean Cocteau*, New Hampshire, 1978.
— Ernst Robert Curtius: *Der junge Cocteau* (1927). In: ders.: *Kritische Essays zur europäischen Literatur*, Bern, ²1954; S. 397–403.
— Friedrich Hagen: *Leben und Werk des Jean Cocteau* (Anthologie), 2 Bde., München/Wien/Basel, 1961.
— Hans Rudolf Kautz: *Dichtung und Kunst in der Theorie Jean Cocteaus*, (Dissertation) Heidelberg, 1970.
— Bodo Müller: *Orpheus und der Schwan von Betis. Zu Jean Cocteaus Góngora-Rezeption*. In: Zeitschrift für französische Sprache und Literatur, 75, 1965; S. 193–227.
— James P. McNab: *The emergence of Cocteau as poet in the 1920s*. In: Philip Crant (Hrsg.): *Authors and their centuries*. French literature series I, Columbia, 1974; S. 167–175.
— Gérard Mourgue: *Cocteau*, Paris, 1965.
— Cahiers Jean Cocteau, n° 6: *La Poésie*, Paris, 1977 (verschiedene Aufsätze zum lyrischen Werk).

Eine umfassende Bibliographie des lyrischen Werks sowie weitere Literatur zu Cocteau finden sich in der Bibliographie des Bandes »Kritische Poesie IV« dieser Ausgabe.

VERZEICHNIS DER ABBILDUNGEN

Alle Zeichnungen von Jean Cocteau.

VERZEICHNIS DER GEDICHTE DIESES BANDES

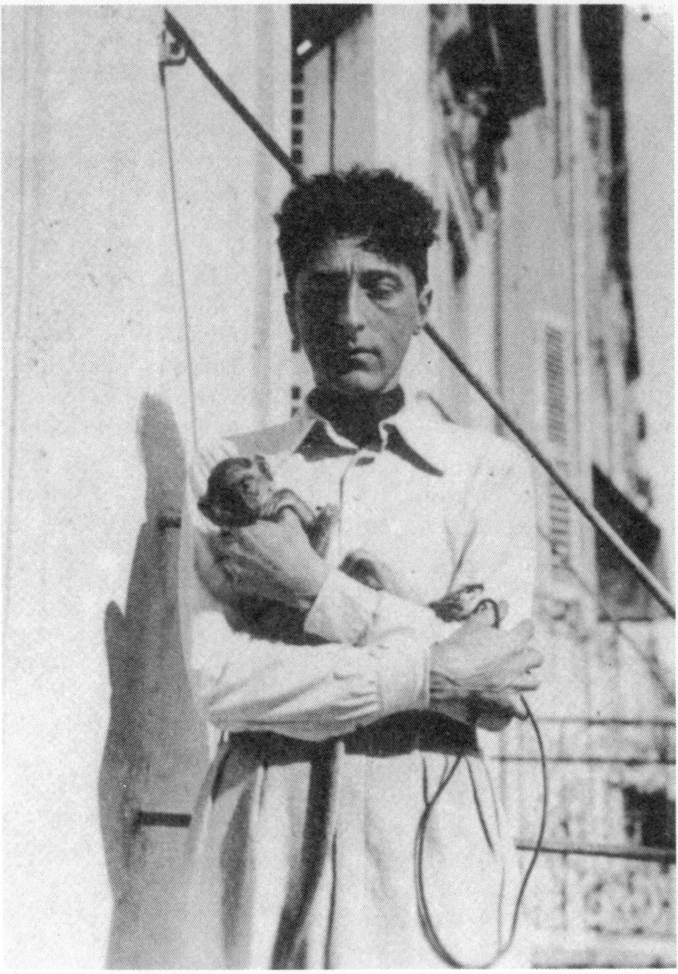

EINE ÜBERSICHT ÜBER LEBEN UND WERK

1889 am 5. Juli in Maisons-Laffitte nahe Paris als Sohn einer wohlhabenden Familie geboren.

1899 5. April: Jeans Vater begeht aus ungeklärten Gründen Selbstmord.

1900–1906 Schulbesuch in Paris.

1907 gibt nach dem dritten erfolglosen Versuch, die Reifeprüfung zu bestehen, seine Schulausbildung auf.

1908 erste Lesung seiner Gedichte; beginnt am mondänen Pariser Gesellschaftsleben teilzunehmen, verkehrt u. a. mit Marcel Proust, Anna de Noailles, Reynaldo Hahn.

1909 erste Buchveröffentlichung: der Gedichtband *La Lampe d'Aladin*. Mitbegründer der luxuriösen literarischen Zeitschrift *Schéhérazade*. Lernt den Leiter des Russischen Balletts, Serge Diaghilew, kennen.

1910 Gedichtband *Le Prince frivole*.

1911 Zeichnungen für das Russische Ballett; macht die Bekanntschaft Igor Strawinskys.

1912 Aufführung seines Balletts *Le Dieu bleu*. Gedichtband *La Danse de Sophocle*.

1913 künstlerische Neuorientierung; distanziert sich von seiner gesamten bisherigen Arbeit und wird fortan die Liste seiner Werke mit dem in diesem Jahr entstehenden Prosawerk *Le Potomak* beginnen lassen.

1914 Erster Weltkrieg; vom Kriegsdienst zurückgestellt, zeitweise als freiwilliger Ambulanzhelfer an der Front. Mitbegründer der Zeitschrift *Le Mot*.

1915 schreibt an Gedichten zu *Le Cap de Bonne Espérance* und *Discours du grand sommeil* (Rede vom großen Schlaf). Pflegt den Umgang mit den Künstlern von Mont-

martre und Montparnasse, mit Max Jacob, Picasso, Cendrars, Apollinaire, Erik Satie. Gegen Ende des Jahres erneut als Ambulanzhelfer in Nieuport.

1916 läßt sich endgültig ausmustern. Arbeitet mit Satie und Picasso an dem Ballett *Parade.*

1917 mit Picasso und Strawinsky in Rom, wo Diaghilew *Parade* vorbereitet. Mai: Uraufführung von *Parade* in Paris.

1918 veröffentlicht das musik- und kunsttheoretische Manifest *Le Coq et l'Arlequin* (Hahn und Harlekin).

1919 lernt den erst sechzehnjährigen Dichter Raymond Radiguet kennen, der bald sein engster Freund wird. Artikelserie *Carte Blanche* über die Pariser Künstlerszene. *Le Cap de Bonne Espérance, Ode à Picasso* und *Le Potomak* erscheinen.

1920 Uraufführung des Mimodrams *Le Bœuf sur le toit* (Der Ochs auf dem Dach). Gründet mit Radiguet die Zeitschrift *Le Coq*, veröffentlicht *Poésies 1917–1920.*

1921 Uraufführung von *Les Mariés de la tour Eiffel* (Die Hochzeit auf dem Eiffelturm).

1922 langer Aufenthalt in Le Lavandou und Pramousquier an der Côte d'Azur mit Radiguet; schreibt hier *Le Grand Ecart* (Die große Kluft), *Thomas l'imposteur* (Thomas der Schwindler) und *Plain-Chant* (Choral). Der Gedichtband *Vocabulaire* (Wortschatz) und der Essay *Le Secret professionnel* (Das Berufsgeheimnis) erscheinen. Dezember: Uraufführung von *Antigone.*

1923 Rede *D'un ordre considéré comme une anarchie.* 12. Dezember: Raymond Radiguet stirbt an Typhus. *Le Grand Ecart, Thomas l'imposteur* und *Plain-Chant* erscheinen.

1924 Uraufführung seiner Shakespeare-Bearbeitung *Roméo et Juliette* und des Balletts *Le Train bleu.* Versammelt die meisten seiner bisherigen Gedichte in *Poésie (1916–1923).* Massiver, regelmäßiger Opiumgenuß. Der katholische Religionsphilosoph Jacques Maritain führt ihn vorübergehend in die Arme der Kirche.

1925 Entziehungskur auf Drängen Maritains. Sommer: in Villefranche an der Côte d'Azur Arbeit an Gedichten zu *Opéra,* an den Stücken *Oedipe-Roi* (König Ödipus) und *Orphée* sowie an *Lettre à Jacques Maritain* (Brief an J. Maritain). Veröffentlicht das Gedicht *L'Ange Heurtebise* (Der Engel Heurtebise).

1926 Premiere von *Orphée.* Es erscheinen *Le Rappel à l'ordre* mit großteils bereits publizierten essayistischen Texten, die Zeichnungen *Maison de santé* und *Lettre à Jacques Maritain,* das seinen Bruch mit dem offiziellen Katholizismus einleitet.

1927 befreundet sich mit dem jungen Schriftsteller Jean Desbordes. Strawinskys Oratorium *Oedipus Rex* wird mit Cocteaus ins Lateinische übersetztem Text uraufgeführt. *Opéra. Œuvres poétiques (1925–1927).* Dezember: schreibt *Le Livre blanc* (Das Weißbuch).

1928 veröffentlicht *Le Mystère laïc* (Das weltliche Geheimnis) und, anonym, *Le Livre blanc.* Im Dezember: erneute Entziehungskur, während der er *Les Enfants terribles* (Kinder der Nacht) und *Opium. Journal d'une désintoxication* (Tagebuch einer Entziehungskur) verfaßt.

1929 verläßt im März die Klinik. Veröffentlichung von *Les Enfants terribles.*

1930 Uraufführung von *La Voix humaine* (Die geliebte Stimme). Dreht den Film *Le Sang d'un poète* (Das Blut eines Dichters). *Opium* wird veröffentlicht.

1931 erkrankt im Sommer in Toulon an Typhus.

1932 erste Vorführung von *Le Sang d'un poète;* schreibt *La Machine infernale* (Die Höllenmaschine). Es erscheint *Essai de critique indirecte* (Versuche), das *Le Mystère laïc* und *Des Beaux Arts considérés comme un assassinat* (Die Schönen Künste als ein Mord betrachtet) enthält.

1933 *Le Fantôme de Marseille.* Im Dezember Entziehungskur. Trennung von Jean Desbordes.

1934 Uraufführung von *La Machine infernale.*

1935 Die Erinnerungsskizzen *Portraits-Souvenir* (Die Farben der Erinnerung) erscheinen in der Zeitung *Le Figaro.*

1936 Weltreise mit seinem Freund Marcel Khill, um Jules Vernes *Reise um die Welt in 80 Tagen* zu verwirklichen; die Reportagen erscheinen in der Zeitung *Paris-Soir.*

1937 lernt Jean Marais kennen, mit dem ihn eine lebenslängliche Freundschaft verbinden wird. Uraufführung von *Les Chevaliers de la Table Ronde* (Die Ritter von der Tafelrunde).

1938 Uraufführung von *Les Parents terribles,* das in Paris kurzzeitig als sittenwidrig von den öffentlichen Bühnen verbannt wird.

1939 schreibt *La Fin du Potomak.*

1940 Uraufführung von *Les Monstres sacrés.* Zieht sich, als die deutschen Truppen in Paris einmarschieren, nach Perpignan zurück. Neuerliche Entziehungskur. Im Herbst Rückkehr in das besetzte Paris.

1941 Uraufführung von *La Machine à écrire* (Die Schreibmaschine). Heftige Angriffe der rechten Presse. Schreibt das Versdrama *Renaud et Armide;* veröffentlicht die Gedichte *Allégories.*

1942 Sein Artikel *Salut à Breker* anläßlich einer Pariser Ausstellung des im Dritten Reich hochgeschätzten Bildhauers Arno Breker ruft einige Empörung hervor. Setzt sich vor Gericht für den angeklagten Schriftsteller Jean Genet ein.

1943 20. Januar. Tod seiner Mutter. Uraufführung von *Renaud et Armide.* Drehbuch zu dem Film *L'Eternel Retour* von Jean Delannoy. Essay *Le Mythe du Greco.*

1944 Sein alter Freund Max Jacob stirbt, von den Nazis deportiert. Jean Desbordes wird der Untergrundtätigkeit bezichtigt und von der Gestapo zu Tode gefoltert.

1945 dreht den Film *La Belle et la Bête* (Die Schöne und das Tier). Schreibt die Dialoge zu dem Film *Les Dames du Bois de Boulogne* von Robert Bresson. Das lange Gedicht *Léone* erscheint.

1946 Uraufführung von *L'Aigle à deux têtes* (Der Doppeladler) und des Balletts *Le Jeune Homme et la Mort;* das Gedicht *La Crucifixion* und *La Belle et la Bête. Journal d'un film* erscheinen.

1947 Roberto Rossellini verfilmt *La Voix humaine,* Cocteau selbst *L'Aigle à deux têtes.* Essayband *La Difficulté d'être* (Die Schwierigkeit, zu sein). Lernt Edouard Dermit kennen, den er später zu seinem Adoptivsohn machen wird. Erwirbt mit Jean Marais ein Haus in Milly-la-Forêt.

1948 verfilmt *Les Parents terribles.* Ende Dezember in New York.

1949 Essay *Lettre aux Américains* (Brief an die Amerikaner). Frühjahr: begleitet eine Theatertruppe auf einer Tournee durch den Nahen Osten, er erzählt diese Reise in *Maalesh.* Dreht im Herbst *Orphée.* Wird zum Ritter der Ehrenlegion ernannt. *Théâtre de poche* (Taschentheater) erscheint. Jean-Pierre Melville verfilmt *Les Enfants terribles.*

1950 Uraufführung des Balletts *Phèdre.* Sein Film *Orphée* erhält in Venedig den internationalen Kritikerpreis.

1951 Präsident der Autoren- und Komponistengewerkschaft. Uraufführung des Stücks *Bacchus. Entretiens autour du cinématographe* (Gespräche über den Film) und *Jean Marais.*

1952 in München erste umfassende Ausstellung des graphischen und malerischen Werks; kurze Aufenthalte in der Bundesrepublik Deutschland. Gedichtband *Le Chiffre sept.*

1953 Uraufführung des Balletts *La Dame à la licorne* in München. Vorsitzender der Jury des internationalen Filmfestivals in Cannes. Erste Reise nach Spanien, das er in den kommenden Jahren mehrmals besuchen wird. *Démarche d'un poète* (Der Lebensweg eines Dichters). Gedichtband *Appogiatures* und Essayband *Journal d'un inconnu* (Tagebuch eines Unbekannten).

1954 10. Juni: Herzinfarkt. Gedichtband *Clair-obscur.*

1955 Aufnahme in die Académie royale de langue et de littérature française de Belgique und in die Académie française.

1956 Dekoration der Kapelle Saint-Pierre in Villefranche. Ehrendoktor der Universität Oxford.

1957 Ehrenmitglied des New Yorker Institute of Arts and Letters. Wandmalereien im Trausaal des Rathauses von Menton. Veröffentlicht die spanischen Impressionen *La Corrida du* 1er *mai.*

1958 Ausstellung seiner Töpfereien. Reden *Discours sur la poésie* und *Les Armes secrètes de la France.* Gedichtband *Paraprosodies.*

1959 Blutsturz; schreibt, ans Krankenbett gefesselt, an den Gedichten zu *Le Requiem.* Uraufführung des Mimodrams *Le Poète et sa muse.* Dreharbeiten zu seinem letzten Film *Le Testament d'Orphée.*

1960 *Le Testament d'Orphée* läuft in den Kinos an. Wird zum »Prince des poètes«, zum »Dichterfürsten« gewählt. Ausstellung des graphischen und malerischen Werks in Nancy.

1961 Kommandeur der Ehrenlegion. Gedichtband *Cérémonial espagnol du Phénix suivi de La Partie d'échecs.*

1962 Uraufführung von *L'Impromptu du Palais-Royal* in Tokio. Der autobiographische Essay *Le Cordon ombilical* und *Le Requiem* erscheinen.

1963 22. April: Herzanfall. Zieht sich in sein Haus nach Milly zurück; dort stirbt er am 11. Oktober.

Für weitere Informationen zu Leben und Werk sei auf den Band »Erzählende Prosa I« dieser Ausgabe verwiesen. Eine ausführliche Bibliographie enthält der Band »Kritische Poesie IV«.

Jean Cocteau
Werkausgabe

Herausgegeben von Reinhard Schmidt

Zwölf Bände in Geschenk-Kassette
mit über 320 Abbildungen, darunter zahlreiche
Zeichnungen des Autors.
Die Bände sind auch einzeln lieferbar.

Die große Kluft
Das Weißbuch
Erzählende Prosa I
Band 9201

Thomas der Schwindler
Das Phantom von Marseille
Erzählende Prosa II
Band 9202

Kinder der Nacht
Erzählende Prosa III
Band 9203

Die Hochzeit auf dem Eiffelturm
Orpheus
Die Höllenmaschine
Theater I
Band 9204

Die geliebte Stimme
Der Doppeladler
Theater II
Band 9205

Opéra
Choral
Gedichte I
Band 9206

Spiegelschriften
Gedichte II
Band 9207

Das Blut eines Dichters
Die Schöne und das Tier
Orphée
Filme
Band 9208

Das Berufsgeheimnis
Kritische Poesie I
Band 9209

Opium
Kritische Poesie II
Band 9210

Die Schwierigkeit, zu sein
Kritische Poesie III
Band 9211

Die Farben der Erinnerung
Der Lebensweg eines Dichters
Kritische Poesie IV
Band 9212

Fischer Taschenbuch Verlag

fi 1056/1

Französische Literatur des 20. Jahrhunderts

Georges Bernanos
Die tote Gemeinde
Roman. Band 5909

Jean Giono
Vom wahren Reichtum
Band. 5974

Raymond Queneau
Der Flug des Ikarus
Roman. Band 5977

Louis Aragon
Das Wahr-Lügen
Erzählungen. Band 5831

Marguerite Yourcenar
Gedenkbilder
Eine Familiengeschichte. Band 5472

Alain
Mars oder Die Psychologie des Krieges
Band 5850

Nathalie Sarraute
»sagen die Dummköpfe«
Roman. Band 5013

Michel Tournier
Kaspar, Melchior & Balthasar
Roman. Band 5947

Fischer Taschenbuch Verlag

fi 581/2